Dioses egipcios

Una fascinante guía de Atum, Horus, Set, Isis, Anubis, Ra, Thoth, Sejmet, Geb, Hathor y otros dioses y diosas del antiguo Egipto

© Copyright 2020

Todos los derechos reservados. Ninguna parte de este libro puede ser reproducida de ninguna forma sin el permiso escrito del autor. Los revisores pueden citar breves pasajes en las reseñas.

Descargo de responsabilidad: Ninguna parte de esta publicación puede ser reproducida o transmitida de ninguna forma o por ningún medio, mecánico o electrónico, incluyendo fotocopias o grabaciones, o por ningún sistema de almacenamiento y recuperación de información, o transmitida por correo electrónico sin permiso escrito del editor.

Si bien se ha hecho todo lo posible por verificar la información proporcionada en esta publicación, ni el autor ni el editor asumen responsabilidad alguna por los errores, omisiones o interpretaciones contrarias al tema aquí tratado.

Este libro es solo para fines de entretenimiento. Las opiniones expresadas son únicamente las del autor y no deben tomarse como instrucciones u órdenes de expertos. El lector es responsable de sus propias acciones.

La adhesión a todas las leyes y regulaciones aplicables, incluyendo las leyes internacionales, federales, estatales y locales que rigen la concesión de licencias profesionales, las prácticas comerciales, la publicidad y todos los demás aspectos de la realización de negocios en los EE. UU., Canadá, Reino Unido o cualquier otra jurisdicción es responsabilidad exclusiva del comprador o del lector.

Ni el autor ni el editor asumen responsabilidad alguna en nombre del comprador o lector de estos materiales. Cualquier desaire percibido de cualquier individuo u organización es puramente involuntario.

Índice

INTRODUCCIÓN 1
CRONOLOGÍA DEL ANTIGUO EGIPTO 5
AMÓN (AMMÓN, HÁMMŌN) 8
ANUBIS (ANPU, INPW) 15
ATÓN (ATEN, ATONU) 21
ATUM (TUM, TEM, ATEM, TEMU) 30
BASTET (BAST, BOUBASTIS, PASHT) 32
EL LIBRO DE LOS MUERTOS Y OTROS TEXTOS FUNERARIOS 36
LOS CUATRO HIJOS DE HORUS 41
GEB (SEB, KEB, KEBB, GEBB) 43
HAPI (2; TAMBIÉN HAPY) 45
HATHOR 48
HORUS (HOR, HER, HERU, HAR) 52
IMHOTEP (IMUTES) 56
ISIS 60
KHNUM (CHNUM) 70
JONSU (KHONSU, KHONS, CHONS) 72
MAAT (MA'AT, MA'ET, MAYET) 75
NEFERTUM (NEFERTEM) 77

NEIT (NEITH)	78
NEFTIS (NEBT-HET)	80
NUN (NOUN, NU)	82
EL OGDÓADA DE HERMÓPOLIS	84
OSIRIS	86
PTAH	93
RA (RE, PRE)	95
SERAPIS (SARAPIS, USERHAPI)	98
SET (SETH, SUTEKH)	101
SOBEK (SUCHOS)	104
THOTH	106
EL DUAT (TUAT)	110
BIBLIOGRAFÍA	120

Introducción

Es tentador ver la antigua religión egipcia como algo relativamente estático, con un solo panteón cuya naturaleza y actividades no cambiaron a lo largo de los tres mil años del período dinástico. Sin embargo, nada está más lejos de la realidad. A lo largo de la historia egipcia, vemos que los dioses que habían sido favorecidos fueron dejados de lado o sus roles fueron alterados para dar paso a dioses cuyos cultos se hicieron más populares, mientras que los cambios políticos, como la conquista de Egipto por Alejandro Magno, introdujeron intercambios culturales y religiosos que afectaron las prácticas religiosas nativas egipcias y también tuvieron un impacto en las creencias religiosas de Grecia y Roma.

La fluidez se incorporó a la estructura de la propia religión egipcia. Muchos dioses y diosas tenían relaciones especiales con otras deidades, a menudo asumiendo aspectos de esos dioses, de tal manera que se creó una nueva deidad sincrética. Vemos esto especialmente con el dios Amón y la diosa Bastet. La asociación de Amón con el dios del sol, Ra, creó la deidad sincretizada Amón-Ra, y de esta forma, Amón se convirtió en la deidad suprema de Egipto durante el Nuevo Reino. Bastet, por otra parte, no se combinó con una segunda deidad, sino que fue vista como el avatar tranquilo y afectuoso de la diosa con cabeza de león Sejmet, que una vez se desató y trató de matar a toda la humanidad. Sejmet, a su vez, era considerada una manifestación violenta de la diosa con cabeza de vaca, Hathor.

La sincretización no era la única forma en que se establecían o cambiaban las relaciones entre las deidades egipcias. Por ejemplo, a veces puede ser difícil establecer qué deidad era la consorte o el hijo de qué otro dios o diosa, ya que estas agrupaciones podían cambiar según el lugar y el período de tiempo. Por ejemplo, el dios Khnum, que tenía sus principales centros de culto en el sur de Egipto, cerca de la fuente del Nilo, se convirtió en el esposo de las diosas Satis, Menhit y Neit, mientras que el dios Jonsu era adorado como hijo de Amón y Mut en el sur de Egipto, como hijo de Ptah y Sejmet en el norte, o como hijo de Hathor y Sobek en el Templo de Kom Ombo en el centro de Egipto.

La importancia del vínculo familiar para los antiguos egipcios se refleja en su preferencia por hacer colecciones de deidades que representen agrupaciones familiares. Por ejemplo, la Enéada Heliopolitana (Nueve Dioses) representaba a cuatro generaciones de la misma familia. Sin embargo, más comúnmente, estas agrupaciones eran de una sola familia nuclear de dos padres y un hijo, usualmente conocida como "tríada". Aunque un templo puede estar dedicado a un solo dios como Horus, ese templo no dejó de incluir tanto a la consorte del dios como a su hijo o hija aunque, como se ha mencionado anteriormente, exactamente qué deidades se agruparon en qué tríadas pueden variar dependiendo del período histórico y la ubicación.

Hay múltiples mitos de la creación del antiguo Egipto, y la historia de la creación que una persona en particular aceptó como cierta podría depender de su procedencia. Por ejemplo, los principales centros religiosos de Hermópolis, Tebas y Menfis tenían cada uno su propio mito de creación, y aunque algunas deidades, como Thoth, pasan de una cosmogonía a la otra, estos relatos son en gran medida independientes unos de otros. Las tres ciudades mencionadas anteriormente eran todas grandes e importantes, pero el estatus no era necesario para que un lugar tuviera su propio dios creador y su propio mito de creación. Lo vemos con el dios con cabeza de carnero Khnum, cuyos principales centros de culto estaban lejos de las sedes del poder, y que era considerado como el creador del universo por la gente que lo adoraba en sus santuarios en la isla de Elefantina y en Esna.

Debido a que los faraones eran considerados como los hijos de una deidad (de forma variada Horus el Joven o Amen-Ra, dependiendo del período histórico), la religión egipcia estaba estrechamente aliada con la política. El faraón tenía el poder de crear y dotar templos para la adoración de los dioses, y los particulares entusiasmos religiosos de un faraón podían causar cambios en las creencias y prácticas religiosas nacionales. Vemos este tipo de cambios especialmente durante el Nuevo Reino. Por ejemplo, cuando el faraón Amosis I derrotó a los hicsos invasores, que se habían apoderado de Egipto, afirmó que su victoria era el resultado del favor de Amón. A partir de entonces, los faraones se declararon hijos de Amón-Ra. Esto causó un aumento en la popularidad del culto de Amón, para el cual se construyó el vasto complejo del templo de Karnak. De manera similar, durante el reinado de los Ptolomeos, el interés en la diosa Isis aumentó el número de devotos de su culto, que se extendió más allá de las fronteras de Egipto hasta Grecia y Roma.

Los faraones también podían cambiar (o al menos intentar cambiar) la práctica religiosa por decreto. El faraón Akenatón es quizás el más conocido por esto, habiendo declarado prohibido el culto tradicional en favor de su propio sistema monoteísta centrado en el dios sol Atón. La herejía de Akenatón fue muy resentida por su pueblo y no duró más que su propio régimen; sus reformas fueron revertidas por su hijo, Tutankamón.

Sin embargo, los cambios instituidos por otros monarcas tenían un poder de permanencia considerablemente mayor. Esto fue particularmente cierto en la creación de Ptolomeo I de la nueva deidad Serapis. Serapis era considerado el consorte de Isis y era una sincretización del dios Osiris y el toro Apis. Tenía algunas características griegas y fue un intento por parte del faraón griego de crear similitudes entre griegos y egipcios que vivían bajo su gobierno.

Debido a que el panteón egipcio es vasto, aunque se dejen de lado las deidades sincretizadas, no es posible que este volumen presente un panorama completo de la religión y el mito del antiguo Egipto. En su lugar, se discuten aquí solo un número selecto de deidades y conceptos. Algunas de ellas son deidades más conocidas, mientras que otras podrían no ser tan familiares para los lectores modernos. Sin embargo, este libro aún ofrece un fascinante vistazo a la religión y la cultura del antiguo Egipto y la riqueza que era la vida en el antiguo Egipto.

Cronología del Antiguo Egipto

Esta breve línea de tiempo de la historia del antiguo Egipto incluye notas sobre los personajes históricos que son bien conocidos o se mencionan en el texto. Las fechas son fechas de reinado a menos que se indique lo contrario.

Periodo	Dinastías	Fechas
Periodo Arcaico	1-2	aprox. 3000-2650 ACE
Hor-Aha (Sin fechas definidas)		
Antiguo Reino	3-8	aprox. 2650-2135 ACE
Zoser, segunda mitad del siglo XXVI ACE (fechas inciertas)		
Kefrén, 2558-2532 ACE		
Unas, 2375-2345 ACE		
Teti, 2345-2323 ACE		
Pepy I, 2321-2184 ACE		
Primer periodo intermedio	9-11	aprox. 2135-2040 ACE

| **Reino Medio** | 11-14 | aprox. 2040-1650 ACE |

Amónemhat I, 1985-1955 ACE

Sesostris I, 1965-1920 ACE

Sesostris III, 1880-1855 ACE

Amónemhat III, 1855-1808 ACE

| **Periodo Hicsos/ Segundo periodo intermedio** | 15-17 | aprox. 1650-1550 ACE |

Los hicsos eran invasores extranjeros, posiblemente de Asia occidental

| **Nuevo Reino** | 18-20 | aprox. 1550-1080 ACE |

Amosis I, 1550-1525 ACE

Thutmose II, 1492-1479 ACE

Hatshepsut, 1479-1458 ACE

Thutmose III, 1479-1425 ACE

Thutmose IV, 1479-1390 ACE

Amenofis III, 1390-1352 ACE

Amenofis IV / Akhenaten, "El Rey Hereje", 1353-1336 ACE

Tutankamón, 1336-1327 ACE

Ramesés II, r. 1279-1212 ACE

| **Periodo Tardío** | 21-31 | aprox. 1080-332 ACE |

En el período tardío se produjeron repetidas incursiones de gobernantes externos:

25º Dinastía (780-656 ACE): Gobernantes kushitas

Taharqa, 690-664 ACE

27º Dinastía (525-404 ACE): Gobernantes persas

28º-30º Dinastía (404-341 ACE): Faraones egipcios

NECTANEBO II, 360-342 ACE

31º Dinastía (342-332 ACE): Retorno del dominio persa

Alejandro el Grande (332-323 ACE)

Periodo Ptolemaico   **323-30 ACE**

Gobernado por los griegos macedonios después de la muerte de Alejandro

Ptolomeo I Sóter, 305-285 ACE

Cleopatra VII Filopátor, 51-30 ACE

Periodo Romano   **30 ACE-395 d. C.**

Egipto anexado como parte del Imperio romano

Augusto, 31 ACE-14 d. C.

Tiberios, 14-37 d. C.

Calígula, 37-41 d. C.

Vespasiano, 69-79 d. C.

Adriano, 117-138 d. C.

Amón (Ammón, Hámmōn)

Amón es un excelente ejemplo de las complejidades de la religión egipcia, en las formas en que la religión cambió a través del tiempo, en cómo se vinculó a la práctica local, y las formas en que se intersectó y fue afectada por la política en el período dinástico. Las dos primeras manifestaciones de Amón fueron en Tebas y Hermópolis. En Tebas, Amón funcionó como el principal dios creador de la ciudad, habiendo suplantado a un dios anterior llamado Montu, mientras que en Hermópolis, era una de las ocho deidades de los Ogdóada, una colección de cuatro deidades masculinas y cuatro femeninas que crearon el universo y que se consideraban personificaciones de varios conceptos abstractos importantes como la oscuridad o el infinito. En Hermópolis, Amón, junto con su consorte Amonet, era considerado la personificación de la ocultación, ya que su nombre significa literalmente "escondido" o "invisible". Como tal, estaba asociado con el aire y el viento.

Hay varias versiones del mito de la creación Hermopolita, que se discute en el capítulo sobre el Ogdóada más adelante. La cosmogonía tebana utiliza el tema del huevo cósmico, que tiene en común con algunas versiones del mito Hermopolita. En el mito de Tebas, Amón sale del huevo no creado que se encuentra en el montículo primitivo; después de que esto ocurre, pasa a crear el resto del mundo. Tebas afirmó con orgullo que la ciudad fue construida sobre este montículo primitivo, afirmándose así como el centro de la creación y el lugar de la primera aparición de Amón.

En Tebas, Amón se combinó con la deidad solar Ra, creando un dios todopoderoso llamado Amón-Ra. Otras sincretizaciones de Amón lo unieron con Min, el dios de la fertilidad y la virilidad, y con Ptah, otro dios creador cuyo principal centro de culto estaba en Menfis. Sin embargo, fue como Amón-Ra en la ciudad de Tebas que Amón ganó su mayor importancia, tanto en términos de culto religioso como en sus conexiones con el poder político egipcio.

Amón ganó prestigio e importancia, y como Amón-Ra, eventualmente se convirtió en el principal dios de Egipto durante el Nuevo Reino. Una de las razones del ascenso de Amón de un dios local secundario de la ciudad de Tebas a una deidad nacional y todopoderosa fue la derrota de los hicsos por Amosis I. Los hicsos eran inmigrantes en Egipto que gradualmente pudieron tomar un considerable poder político, especialmente en la parte sur del país, donde se encuentra Tebas. El período de gobierno de los hicsos se conoce como el Segundo Período Intermedio. Cuando Amosis I derrotó a los hicsos y los expulsó de Egipto, afirmó que su victoria se debió al favor de Amón, dándole un considerable impulso en popularidad y poder, permitiendo que Amón suplantara a Montu, un dios de la guerra que había sido la principal deidad de Tebas hasta ese momento.

Como deidad nacional, se decía que Amón era el marido de Mut, una diosa del cielo, y el padre de Jonsu, el dios de la luna. Juntas, estas tres deidades eran conocidas como la Tríada de Tebas, y eran adoradas en el enorme complejo de templos de Karnak, uno de los más grandes y elaborados centros religiosos del antiguo Egipto.

El recién sincretizado dios de Tebas, Amón-Ra, recibió el papel de padre del faraón, un cambio con respecto a tiempos anteriores en los que se pensaba que el faraón era hijo de Horus. El historiador Samuel Kramer señala que, bajo esta apariencia, Amón-Ra comenzó a asumir muchas de las características que ahora se asocian generalmente con el concepto de Dios tal como se elucida en la Biblia.[1] Al igual que Dios, Amón-Ra fue visto como un ser no creado que, a través de su propio poder ilimitado, creó el universo. Amón-Ra también subyugó a los otros dioses bajo su poder, era invisible y estaba en todas partes, y fue capaz de manifestarse de varias maneras a la humanidad.

Vemos este concepto de Amón-Ra como el todopoderoso y único dios verdadero en un himno escrito para Pinedyem II, el sumo sacerdote de Amón-Ra desde el 990 al 969 AEC:

> Este venerable dios, Señor de todos los dioses, Amón-Re, Señor del trono o tronos de las dos tierras, el que reside en el que reconoce los tronos.
>
> Venerable manifestación que surgió en el principio, Gran Dios que vive de la Verdad, el primer Primitivo que engendró los dioses primitivos, de los cuales surgieron todos los demás dioses.
>
> El Único, que creó lo que existe en el primer comienzo de la tierra. Misterioso de nacimiento, de numerosas apariciones, cuyas manifestaciones no se conocen.
>
> Venerable Poder, amado y temido, rico en apariencias, Señor de la Fuerza, poder creador, de cuya forma surgió toda forma, aquel que surgió primero en la existencia, aparte de quien nada existe.
>
> Aquel que dio luz a la tierra, por primera vez con el disco. Luz, Radiante, cuando aparece, los

---

[1] Samuel Noah Kramer, *Mythologies of the Ancient World* (Garden City: Doubleday, 1961), 47.

hombres viven. Cuando navega por el cielo, no está cansado, por la mañana temprano su trabajo ya está arreglado.[2]

Aunque podemos ver cómo el carácter de Amón-Ra resuena con el del Dios bíblico en este himno, también podemos ver algunas de las formas en que Amón-Ra permanece distinto. Amón-Ra puede haber sido el dios supremo de los egipcios, pero no era el único dios, y su aspecto como dios del sol permanece intacto, como vemos en el último verso, que se refiere específicamente a la salida del sol ("el disco") y su curso a través del cielo durante el día.

Como el dios supremo de Egipto, Amón-Ra fue el orgullo de la construcción del gran complejo de templos en Karnak. Aunque la construcción del complejo del templo comenzó en el Reino Medio durante el reinado de Sesostris I, la mayor parte fue construida durante el Reino Nuevo por el faraón Amenofis III. El templo de Amón en Karnak está considerado como una de las estructuras religiosas más grandes del mundo, y su sala hipóstila (un área sin techo hecha de múltiples pilares colosales) y las gigantescas columnas de papiro con incrustaciones jeroglíficas que conducen a la entrada son imágenes inmediatamente reconocibles para muchas personas hoy en día.

Esta elevación de Amón-Ra a dios supremo tuvo repercusiones políticas, tanto por el culto más extendido de Amón-Ra como por el símbolo del poder temporal visible de su culto en Karnak. Aunque muchos otros templos a Amón-Ra fueron construidos en esta época, la magnificencia y el tamaño del templo de Karnak le dieron un estatus considerable. El otro factor en el ascenso político del culto fue la alianza del sacerdocio de Amón-Ra con la monarquía.

Esta alianza comenzó con la derrota de los hicsos. Como Samuel Kramer observa, cuando Amosis I atribuyó su victoria a Amón, se

---

[2] Traducción en Alexandre Piankoff, trans., y Natacha Rambova, ed., *Mythological Papyri: Texts* (New York: Pantheon Books, 1957), 18.

encadenó efectivamente a sí mismo y a sus sucesores con una deuda de gratitud que se expresó a través de la concesión de tierras, tesoros y esclavos al sacerdocio de Amón como signos tangibles del agradecimiento del rey por la protección de Amón.³ Como con tantos esfuerzos que parecían una buena idea en ese momento, el enriquecimiento del sacerdocio de Amón-Ra resultó ser desastroso para los faraones, porque desvió el poder de la monarquía y se lo dio a los sacerdotes. El sacerdocio de Amón-Ra se convirtió efectivamente en hacedores de reyes porque, como informa Kramer,

> el papel del dios como padre del rey dio a los sacerdotes una fuerza considerable para seleccionar y apoyar a un candidato particular para la realeza... Así, al expresar o retener la aprobación divina, los sacerdotes de Amón-Re [*sic*] podían asegurar que su candidato fuera exitoso.⁴

A través de su vasta riqueza y control religioso sobre quién podía sentarse legítimamente en el trono, el sacerdocio de Amón funcionaba de muchas maneras como los gobernantes de facto de Egipto en el momento de Amenofis III.

Sin embargo, no solo los herederos varones del trono afirmaron ser los hijos de Amón-Ra. Cuando la Reina Hatshepsut asumió el título de faraón a la muerte de su esposo, Tutmosis II, hizo que se creara un mito oficial que afirmaba que su nacimiento había sido ordenado nada menos que por el propio Amón-Ra. En el mito, Amón-Ra le dice a la compañía reunida de los dioses que quiere hacer una reina para gobernar todo Egipto. Envía a Thoth a buscar una mujer para que sea la madre de esta gran reina, y cuando la encuentran, Amón-Ra la impregna, y así Hatshepsut es concebidq. Pero Amón-Ra no ha terminado; encarga al dios Khnum, el dios con

---

³ Kramer, *Mythologies of the Ancient World*, 124.

⁴ Kramer, *Mythologies of the Ancient World*, 124.

cabeza de carnero de las inundaciones del Nilo, que haga el cuerpo y el alma de Hatshepsut en su torno de alfarero. En este proyecto, Khnum es ayudado por la diosa Hekt, una diosa de la fertilidad también asociada con las inundaciones del Nilo. Así, no solo Hatshepsut era la hija de Amón-Ra, sino que su cuerpo y su alma fueron creados por los dioses por orden de Amón-Ra.

Hatshepsut necesitaba este mito para promover la legitimidad de su gobierno, porque originalmente tomó el trono no como heredera directa del faraón sino como la reina viuda regente de su hijo pequeño, que más tarde se convirtió en Tutmosis III. Con Hatshepsut, vemos cómo un gobernante puede manipular el poder del culto de Amón-Ra para promover sus propias ambiciones políticas, lo cual es muy diferente a la situación de los faraones posteriores, quienes esencialmente estaban bajo la influencia de los sacerdotes de Amón-Ra.

Alejandro Magno fue otro gobernante que aprovechó la popularidad de Amón-Ra para legitimar su propio gobierno. Cuando Alejandro conquistó Egipto en el año 331 AEC, afirmó que era hijo de Amón-Zeus, una sincronía del dios supremo griego Zeus con el egipcio Amón. Amón también fue adoptado por los romanos como Ammón-Júpiter.

El principal desafío al poder de Amón-Ra y sus sacerdotes vino durante el gobierno de Amenofis IV. A veces conocido como el "rey hereje", Amenofis cambió su nombre por el de Akenatón en el quinto año de su reinado y comenzó una serie de reformas religiosas radicales destinadas a cambiar todo el culto a una sola deidad solar, Atón. Las reformas de Akenatón se discuten en detalle en el capítulo sobre Atón más abajo.

El culto nacional de Amón se debilitó un poco a causa de las reformas de Akenatón, y siguió disminuyendo durante el siglo X a. C., aunque su culto siguió siendo importante en Tebas. Amón fue eclipsado particularmente durante el período ptolemaico, cuando Isis y Serapis se convirtieron en un foco central de culto no solo en Egipto sino también en muchas comunidades de Grecia y Roma. El culto a Amón no se borró por completo hasta que el cristianismo se estableció como una religión estatal a mediados del siglo quinto EC.

Anubis (Anpu, Inpw)

Con su cabeza de chacal negro posada sobre el cuerpo de un hombre, Anubis es una de las deidades del antiguo Egipto más fácilmente identificable. Algunas representaciones de este dios lo muestran sosteniendo el ankh, o símbolo de la vida, en una mano y un bastón en la otra, mientras que otras imágenes lo muestran atendiendo el cuerpo muerto de un faraón. Esta asociación con la muerte y la decadencia es una de las principales características de Anubis. De hecho, su nombre en egipcio, *Anpu*, significa literalmente "decadencia" ("Anubis" es la forma griega del nombre), y es posible que el uso de la cabeza de chacal como uno de los atributos de este dios sea una referencia a la tendencia de los chacales a hurgar en los cementerios y otros lugares donde se encuentran los cadáveres.

Aunque Anubis siempre fue considerado como un dios de la muerte y los muertos, su posición dentro de la religión egipcia se alteró con el tiempo. Durante la Primera Dinastía, Anubis era el dios principal de los muertos, pero esto cambió durante el Reino Medio, cuando el culto a Osiris ganó popularidad y Osiris fue elevado a dios supremo de los muertos y señor del Duat, el antiguo inframundo egipcio. Anubis pudo haber perdido su trono ante Osiris, pero no perdió su importancia; en cambio, su papel pasó de gobernante de los muertos a embalsamador y juez.

Los mitos que rodean los orígenes y el linaje de Anubis también cambiaron con el tiempo. En algunos mitos tempranos, se dice que Anubis es hijo del dios del sol Ra y hermano de Osiris, Isis, Neftis y Set, ya sea de la diosa del cielo Nut o de la diosa con cabeza de vaca Hesat. En mitos posteriores, se le considera hijo de Neftis, que engañó a Osiris para tener relaciones sexuales con ella. Este cambio probablemente tuvo que ver con la creciente importancia del culto a Osiris y la necesidad de incorporar a Anubis en un nuevo marco mítico y religioso que se centraba en Osiris, más que en Anubis, como el dios de los muertos.

Uno de los principales deberes de Anubis en el Duat era juzgar las almas para ver si eran o no dignas de la vida eterna. Cuando el alma de un difunto se presentaba ante Anubis, Anubis sopesaba su corazón contra la pluma de la verdad. El difunto tenía que jurar que había vivido una buena vida llena de buenas acciones. Si la persona decía la verdad, el corazón pesaría menos que la pluma, y se le permitiría entrar en los placeres de la vida después de la muerte. Si la persona mentía, sin embargo, el corazón pesaría más que la pluma, y la persona estaría condenada a la destrucción al ser devorada por Ammit, una diosa con cabeza de cocodrilo, los cuartos delanteros de un león y los cuartos traseros de un hipopótamo.

Anubis era también el dios del embalsamamiento, un papel que se hizo importante tras el surgimiento del culto a Osiris. Cuando Isis encuentra el cadáver de Osiris, Anubis la ayuda a embalsamarlo y a envolverlo en envolturas de lino. La otra parte del proceso de embalsamamiento era la preservación del estómago, los intestinos, los pulmones y el hígado, que se colocaban en frascos de barro, alabastro u otros materiales duros y no porosos. Estos frascos a veces tenían tapones tallados o moldeados a semejanza de los dioses que tenían la responsabilidad de cuidar estos órganos, que se creía que la persona fallecida recuperaba después de la muerte. Esta tradición de preservar los órganos también proviene del mito de Osiris, ya que Anubis recibió los órganos de Osiris después de su muerte.

Al igual que otros dioses del panteón egipcio, Anubis fue absorbido por las prácticas religiosas grecorromanas durante el período ptolemaico. Anubis se sincretizó a menudo con el dios griego Hermes, que tenía la tarea de conducir las almas al Hades. De esta manera, Anubis adquirió una función como guía de almas además de sus otros deberes como embalsamador, juez de los muertos y protector de tumbas y cementerios.

Entre los antiguos escritos egipcios que mencionan a Anubis se encuentran los Textos de las Pirámides, que son inscripciones dentro de una serie de pirámides del Antiguo Reino que fueron construidas para cinco faraones y algunas de sus esposas. Estos textos, que conservan los hechizos y oraciones destinados a resucitar al ocupante de la tumba de entre los muertos y guiarlo a la vida eterna, sitúan a Anubis en diversos papeles con respecto a los difuntos. Algunos de los hechizos sugieren que el muerto se convertiría en Anubis de alguna manera, mientras que otros se refieren a los deberes del dios como embalsamador, guía y transformador de almas. A continuación, algunos ejemplos de la tumba del faraón Pepy I:

> ¡Despierta por Horus, levántate contra Set! Levántate como Osiris, como el akh [alma] que es el primer hijo de Geb, y toma tu posición como Anubis en el santuario.[5]

> Así, [Pepy] saldrá al cielo, con las puntas de sus alas como las de un gran pájaro. Sus entrañas han sido lavadas por Anubis, y el servicio de Horus en Abidos -la purificación de Osiris -ha sido realizado.[6]

---

[5] James P. Allen, *The Ancient Egyptian Pyramid Texts* (Atlanta: Society of Biblical Literature), 105.

[6] Allen, *Pyramid Texts*, 158. Abidos se refiere a la antigua ciudad egipcia con ese nombre, donde se encontraba una necrópolis real. El inserto entre corchetes es mío.

> Anubis, el primero de los dioses, ha ordenado que desciendas como una estrella, como el dios de la mañana.[7]
>
> Tu akh es sobre [ti, padre Osiris Pepy], como una ofrenda del rey que existirá para ti como una que Anubis hizo para ti.[8]

En estos textos, es el propio Anubis quien embalsama al faraón y lo transforma en un ser divino, un proceso que incluye al faraón asumiendo la identidad de Anubis para sí mismo. La última sección del texto también sugiere que el alma del faraón, probablemente en su estado resucitado, es algo creado específicamente para el faraón por Anubis.

Sin embargo, Anubis tenía una presencia y una función fuera de los textos funerarios y los entierros reales. "La historia de dos hermanos", un cuento popular egipcio del Nuevo Reino, cuenta la historia de Anubis y Bata, hermanos que inicialmente viven juntos en la misma casa, junto con la esposa de Anubis. En esta historia, Bata actúa como pastor y trabajador en la tierra de Anubis. Todo va bien hasta que la esposa de Anubis intenta seducir a Bata. Cuando Bata rechaza sus avances, ella finge que él la ha agredido. Anubis inicialmente cree la historia de su esposa, y Bata apenas escapa con vida. Como parte de su juramento a Anubis de que dice la verdad, Bata se corta el pene y lo tira al río. Luego corre hacia el desierto, donde construye una casa para sí mismo. Coloca su corazón en la copa de un árbol de acacia que crece cerca.

Los dioses ven que Bata vive solo y le proporcionan una esposa. Bata le dice que no salga de la casa, porque el mar la desea y se la arrebatará. Cuando la esposa desobedece a Bata, el mar intenta secuestrarla, pero la mujer corre demasiado rápido y se las arregla

---

[7] Allen, *Pyramid Texts*, 168.

[8] Allen, *Pyramid Texts*, 195. Inserto entre corchetes en el original.

para volver a la casa a salvo. Mientras la mujer huye, el mar le dice al árbol de acacia que la agarre, pero el árbol solo logra conseguir un mechón de su pelo, que cae al agua.

El pelo flota río abajo hasta el lugar donde los lavanderos del faraón están lavando. La ropa del faraón capta el olor del perfume de la esposa de Bata, y el faraón ordena que le traigan a la mujer. Cuando llega, se convierte en la esposa del faraón, y pronto le cuenta al faraón lo del árbol de acacia que contiene el corazón de Bata. El faraón ordena que el árbol sea destruido. Cortar el árbol mata a Bata.

Anubis es alertado de la muerte de Bata por ciertas señales. Anubis entonces va a buscar a su hermano y encuentra el cadáver de Bata en la cama de su casa. Bata le había dicho a Anubis que su corazón debía ser almacenado fuera de su cuerpo, así que Anubis va a buscarlo. Después de una larga búsqueda, encuentra el corazón y lo devuelve al cuerpo de Bata, lo que le devuelve la vida. Bata se transforma en un toro mágico y le dice a Anubis que lo lleve a la corte del faraón.

La ex esposa de Bata, que aún vive en la corte real como esposa del faraón, se entera de que su marido se ha transformado en un toro y quiere vengarse de ella, así que organiza el sacrificio del toro y lo corta en pedazos. Sin embargo, sus planes se ven frustrados cuando dos gotas de la sangre del toro caen fuera de las puertas del templo. De esta sangre, brotan dos árboles, uno de los cuales acusa a la mujer de traición mientras está sentada a su sombra.

La ex esposa de Bata hace que los árboles sean derribados y cortados en pedazos, pero una astilla del árbol que le habló entra en su boca y la impregna. Por segunda vez, Bata es traído de vuelta de entre los muertos, ya que el niño nacido por la ex esposa de Bata es el mismo Bata, que se convierte en faraón. La historia termina con Bata juzgando a su ex esposa y haciendo a Anubis su heredero.

Aunque Bata era un dios del Nuevo Reino por derecho propio, es fácil ver los paralelismos entre su historia y el mito del Osiris moribundo y resucitado, así como entre el papel de Anubis en esta historia y sus funciones en otras partes del mito egipcio. Bata claramente juega el papel de Osiris; su pene cercenado termina en un río, y es devuelto a la vida después de haber muerto a través de las ministraciones de Anubis. Al igual que Osiris, Bata queda prisionero en la madera de un árbol, y más tarde se le devuelve a la vida por segunda vez, después de lo cual llega al poder como el señor de la tierra.

Así como las aventuras de Bata representan el viaje de Osiris de la vida a la muerte a la resurrección a la realeza, también Anubis mantiene su tradicional papel funerario en este cuento. Es el deber de Anubis encontrar y atender el cuerpo de Bata muerto y devolverlo a la vida a través de su magia colocando el corazón de Bata de nuevo en su cuerpo. Esto es paralelo al trabajo de Anubis ayudando a embalsamar al Osiris muerto, devolviéndole así la vida. Anubis también actúa como una especie de guía para Bata cuando Bata toma la forma de un toro, y cuando Bata entra en su autoridad como faraón, a Anubis se le da un papel importante como príncipe heredero del reino, al igual que a Anubis se le dio una importante autoridad en el Duat bajo el reinado de Osiris.

La asociación de Anubis con la muerte y el juicio, así como la imponente imagen de su cabeza de chacal negro y su cuerpo musculoso, a menudo lleva a la gente moderna a verlo como un dios temible y potencialmente violento. Sin embargo, como hemos visto, el antiguo pueblo egipcio no veía a Anubis de esa manera. Para los antiguos egipcios, Anubis era un dios que cuidaba tiernamente de los muertos y cuyos dones y poder permitían a las almas de los justos entrar en la vida eterna.

Atón (Aten, Atonu)

El dios Atón se identificaba con el disco solar y se consideraba un dios creador que hacía todas las cosas y que sostenía el universo con su poder. Debido a que la palabra egipcia "aten" significa "disco", este dios es a veces llamado "el Aten" o "el disco del sol". Las primeras representaciones de Atón lo muestran como un hombre con cabeza de halcón, pero eventualmente Atón llegó a ser representado como el sol emitiendo muchos rayos o como un disco con las alas extendidas. Estas representaciones reflejan la comprensión de Atón como un dios de la luz que está en todas partes, que no puede ser definido por una forma particular, y cuyo *ba*, o esencia espiritual, no puede ser representada por un animal terrestre.

El culto a Atón se asocia más comúnmente con el reinado del faraón Amenofis IV, que tomó el nombre de Akenatón y que intentó elevar el culto a Atón por encima de todos los demás. Sin embargo, la adoración del disco del sol como un dios todopoderoso comenzó en realidad antes de que Akenatón tomara el trono. Como afirma el egiptólogo George Hart, "El culto a Atón no fue una innovación repentina por parte de un rey, sino el clímax de una búsqueda religiosa entre los egipcios de un dios benigno sin límites de poder y que se manifestara en todos los países y en todos los fenómenos naturales".⁹

La transferencia real de Akenatón del culto a Amón-Ra al culto a Atón, no solo como la deidad principal sino como el único dios de Egipto, tuvo algunas de sus raíces en los cambios religiosos y políticos que habían tenido lugar cientos de años antes, con la derrota de los hicsos por parte de Amosis I y la elevación del culto a Amón-Ra, lo que a su vez aumentó enormemente el poder de los sacerdotes de Amón-Ra. Declarar a un dios diferente como el patrón supremo y principal del faraón tuvo el efecto de destripar la autoridad del sacerdocio de Amón-Ra y devolver a los faraones parte de su poder perdido.

La primera mención de Atón como un concepto divino, si no como una deidad separada por derecho propio, se remonta al Reino Medio. Encontramos esto en un antiguo cuento egipcio conocido como "La historia de Sinuhé", una narración en primera persona supuestamente escrita por un funcionario de alto rango en la corte del faraón. Al principio de la narración, Sinuhé anuncia la muerte del faraón de la Duodécima Dinastía, Amónemhat I, que murió en 1955 AEC. Sinuhé dice, "Él [el faraón] penetró en el cielo, uniéndose al disco solar [el de Atón], el cuerpo de Dios se mezcló con el de aquel que lo hizo".[10]

El aumento de la reverencia hacia Atón como un ser divino separado, en lugar de como un concepto divino o avatar del dios sol Ra, es un fenómeno de los primeros tiempos del Nuevo Reino. Tutmose IV evidentemente vio a Atón como un dios por derecho propio, ya que "durante su gobierno un texto histórico en la parte inferior de un escarabajo menciona a Atón a la vanguardia del ejército

---

[9] George Hart, *A Dictionary of Egyptian Gods and Goddesses* (London: Routledge, 2000), 37.

[10] William Kelly Simpson, ed., *The Literature of Ancient Egypt: An Anthology of Stories, Instructions, Stelae, Autobiographies, and Poetry* (New Haven: Yale University Press, 2003), 55. Las inserciones entre corchetes son mías.

del faraón en batalla, un papel comúnmente dado a Amón".[11] El sucesor de Tutmosis, Amenofis III (padre de Akenatón), parece haber tenido una devoción personal por Atón, aunque no descuidó el culto más tradicional de Amón-Ra. Al parecer, Amenofis III no vio ninguna contradicción entre su devoción a Amón-Ra y su culto a Atón, ya que las pruebas de su reverencia por el primero incluyen la construcción del gran templo de Amón-Ra en Karnak. Las pruebas de su devoción a la segunda incluyen la autorización de la construcción de un templo a Atón en Heliópolis (literalmente "Ciudad del Sol"), tomando el nombre de Tekhen-Atón ("Resplandor de Atón") como uno de sus muchos epítetos, y nombrando a su barcaza real *Aten-Tjehen* ("Disco del Sol Brillante").

Se dejó al hijo de Amenofis III, Amenofis IV (más tarde Akenatón) para que diera los siguientes pasos en el desarrollo del culto a Atón. Este proyecto comenzó en el quinto año del reinado de Amenofis IV. Uno de sus primeros pasos fue cambiar su nombre de uno que significa "Amón está contento" a uno que significa "Útil para Atón". Ese movimiento fue muy significativo en sí, porque quitó el foco de atención a la reverencia a Amón-Ra como dios supremo del estado y progenitor de los faraones y en su lugar alió el trono con una deidad relativamente nueva cuyo estatus palideció en comparación con el de Amón-Ra, tanto en términos políticos como religiosos.

Una de las acciones de Akenatón para elevar el culto a Atón fue trasladar la residencia real de Tebas a una nueva ciudad llamada Ajetatón, que significa "Horizonte de Atón". La construcción de la ciudad comenzó en el quinto año del reinado de Akenatón y se completó unos años más tarde. Ajetatón estaba situada en el centro de Egipto en lo que hoy es Amarna, a medio camino entre la antigua ciudad de Tebas al sur y Memphis al norte en la desembocadura del Delta del Nilo. Ajetatón contaba con dos nuevos templos a Atón, uno pequeño y otro grande, así como con viviendas para el faraón, su

---

[11] Hart, *Dictionary*, 38.

familia y su corte. También se proporcionaron viviendas a varios nobles, que consideraban prudente y de categoría superior vivir cerca del faraón, y a los diversos administradores y funcionarios del Estado egipcio y de los templos sagrados de Atón.

El culto a Atón tenía lugar todos los días. Akenatón oficiaba como sumo sacerdote, aunque había otros sacerdotes menores también dedicados al servicio de Atón. En algunas ocasiones, la Reina Nefertiti y otras mujeres de la realeza participaban en los servicios de culto. Los templos de Atón se diferenciaban de los dedicados a otros dioses en que los templos de Atón no tenían techo, para que la luz del sol pudiera brillar en el santuario.

En la época de Akenatón, la representación de Atón con una forma mixta humano-animal había sido abandonada hace mucho tiempo en favor de una representación del sol y sus rayos, una representación que es, en cierto modo, más abstracta que las representaciones de otras deidades egipcias, ya que evita la antropomorfización en favor de una imagen del poder solar -y, por lo tanto, divino-. Lo vemos en un importante relieve del Gran Templo de Akenatón, que muestra a Akenatón, Nefertiti y su hija Meritaten sosteniendo frondas de papiro mientras ofrecen culto a Atón, que se representa como un disco del que salen rayos para el faraón, su esposa y su hijo. Algunos de los rayos terminan en manos humanas que se preparan en un gesto de bendición, mientras que otras manos sostienen el ankhs, el símbolo egipcio de la vida, que significa el poder vivificante de Atón.

Cuando Akenatón construyó su nueva ciudad y sus nuevos templos, tenía la intención de que marcaran el comienzo de una nueva era en la que Atón no solo era el dios supremo sino también el único dios, que era venerado tanto en sí mismo como en su manifestación en la persona del rey. La adoración de Amón-Ra estaba prohibida, así como la devoción a Osiris. Los templos a los antiguos dioses estaban cerrados, y su riqueza e ingresos se dedicaban en cambio al culto de Atón. Por ello, a veces se considera a Akenatón como un monoteísta primitivo, pero la opinión de los estudiosos está dividida sobre el grado en que el atonismo era, de hecho, una fe monoteísta.

Además de construir templos y encargar obras de arte que mostraban a Akenatón venerando a Atón, Akenatón también escribió un himno al sol. Los himnos a los dioses siempre habían sido una parte importante de la práctica religiosa egipcia, por lo que la escritura de un himno no era nada nuevo en sí misma. Lo que sí era nuevo, sin embargo, es la forma en que Akenatón describe a Atón y la relación del creyente con él. Algunos estudiosos han comparado el himno de Akenatón con el Salmo 104, que alaba de forma similar al Dios de los israelitas y enumera sus actos creativos. A continuación se presentan algunos extractos del himno de Akenatón, junto con los pasajes pertinentes del Salmo 104 de la Nueva Versión Internacional:

Himno de Akenatón[12]	**Salmo 104**
Te elevas en perfección en el horizonte del cielo,	El Señor se envuelve en la luz como con una
viviendo a Aten, que determina la vida.	prenda; extiende los cielos como una tienda
Siempre que te levantes en el horizonte oriental	de campaña y coloca los rayos de sus cámaras
llenas todas las tierras con tu perfección.	superiores sobre sus aguas. Hace de las
Eres atractivo, grande, brillante, en lo alto de cada tierra;	nubes su carroza y cabalga sobre las alas del
tus rayos abrazan las tierras hasta donde todo lo que has hecho.	viento. Hace de los vientos sus mensajeros,
. . . .	llamas de fuego de sus sirvientes. (vv. 2-4)

---

[12] Kelly, *Literature of Ancient Egypt*, 279-80, 283.

Siempre que te pones en el horizonte occidental,

la tierra está en la oscuridad a manera de muerte.

Duermen en una habitación con las cabezas bajo las mantas,

y un ojo no puede ver a otro.

. . . .

Cada león sale de su cueva y todas las serpientes muerden,

porque la oscuridad es una manta.

La tierra está en silencio ahora, porque Aquel que los hace

está en reposo en su horizonte.

. . . .

Toda la tierra realiza su trabajo:

todos los rebaños están contentos con su forraje,

los árboles y las plantas crecen,

los pájaros vuelan hasta sus nidos,

sus alas extendidas en alabanza a tu *Ka*.

Hizo la luna para marcar las estaciones,

y el sol sabe cuándo se va a poner.

Si traes la oscuridad, se convierte en noche,

y todas las bestias del bosque merodean.

Los leones rugen por su presa

y buscan su alimento en Dios. (vv. 19-21)

¡Cuántas son tus obras, Señor!

Con sabiduría las hiciste todas;

la tierra está llena de tus criaturas.

Está el mar, vasto y espacioso,

Todos los kines brincan sobre sus pies;

todo lo que vuela y se posa,

viven cuando te levantas por ellos.

Las barcazas navegan río arriba y río abajo también,

porque todos los caminos están abiertos en tu ascenso.

Los peces del río saltan ante tu cara

cuando tus rayos están dentro del mar.

....

La tierra surge a la existencia por tu mano,

y lo haces.

Cuando te levantas, ellos viven;

cuando te pones, mueren.

repleto de criaturas más allá del número...

cosas vivas tanto grandes como pequeñas.

Allí los barcos van de un lado a otro,

y el Leviatán, que formaste para jugar allí.

Todas las criaturas te miran

para darles su comida en el momento adecuado.

(vv. 24-27)

Cuando se lo das,

lo recogen;

cuando abres la mano,

están satisfechos con las cosas buenas.

Cuando escondes tu cara,

están aterrorizados;

cuando les quitas el aliento,

mueren y vuelven al polvo.

(vv. 28-29)

....

La ferviente devoción personal de Akenatón por Atón no fue suficiente para lograr la revolución religiosa que tanto deseaba. El atonismo no logró avanzar mucho entre la población egipcia, que se resintió por la pérdida de su religión tradicional y que agradeció que el heredero de Akenatón, Tutankamón, reviviera el culto a Amón-Ra,

Osiris y los otros dioses que habían sido venerados por los egipcios durante milenios. Durante esta restauración, los antiguos templos fueron reabiertos y los sacerdocios restaurados, y la ciudad de Ajetatón fue destruida por orden real. Akenatón fue tratado como hereje, y su nombre fue borrado de las inscripciones.

Las opiniones modernas sobre Akenatón son muy variables. Algunos autores y eruditos lo han visto de la misma manera que sus compatriotas, como un hereje cuyo fervor religioso bordeaba la manía. Otros, sin embargo, lo han visto como un reformista sincero que deseaba reemplazar un sistema politeísta por uno dedicado a una única deidad suprema. Quienes defienden esta última opinión tratan a veces de alinear la fe de Akenatón con el cristianismo, tratando de demostrar que Akenatón se adelantó a su tiempo y que sus reformas fueron una mejora. Sin embargo, la mayoría de los eruditos de hoy en día están de acuerdo en que las comparaciones del atonismo con otras religiones monoteístas deben hacerse con cuidado para evitar tanto la creación de falsos paralelismos entre el atonismo y otras religiones como para evitar la suposición de que el monoteísmo es de alguna manera superior a otras expresiones religiosas.

Además de recibir una importante atención académica, el faraón Akenatón también ha capturado la imaginación de los artistas y músicos modernos. Una importante obra de arte es la ópera *Akhnaten* del compositor minimalista americano Philip Glass. *Akhnaten* fue escrita en 1983, y su libreto se basa en parte en antiguos textos egipcios y en parte en un conjunto de cartas en acadio que se encontraron en las ruinas de Ajetatón. Otras partes del libreto están en hebreo bíblico. Cada representación de la ópera incluye una puesta en escena del "Himno al Sol" de Akenatón, que siempre se canta en el idioma del público de ese momento. La acción de la ópera comienza con el funeral de su padre, Amenofis III. La ópera sigue el curso de la vida de Akenatón, desde su coronación hasta su propia muerte y entierro.

La producción de 2016 de la Ópera Nacional Inglesa, que fue revivida en 2018 y 2019, incluía la compañía de malabarismo de Gandini. El malabarismo de la compañía con pelotas y garrotes de varios tamaños estaba destinado a ser un símbolo de algunos de los temas de la ópera, y estaba programado para encajar y representar el flujo de la música.

Atum (Tum, Tem, Atem, Temu)

Como uno de los principales dioses creadores del antiguo Egipto, se dice que Atum emergió en el montículo primigenio que se encontraba en las aguas primitivas, que se personificaba como el dios Nun. El nombre de Atum significa algo así como "todo" o "completo". Su primer acto de creación fue hacer a Shu, el dios del aire, y a Tefnut, la diosa de la luz. Una versión de la historia dice que Atum los hizo de su semen, mientras que otra dice que Shu fue hecha de la saliva de Atum y que vomitó a Tefnut para que existiera. De Shu y Tefnut vinieron Geb, el dios de la tierra, y Nut, la diosa del cielo. Los hijos de Geb y Nut eran Isis, Osiris, Neftis y Set. Juntos, Atum y sus descendientes son conocidos como la Enéada, las deidades primarias adoradas en Heliópolis, una antigua ciudad cerca de lo que hoy es El Cairo. El egiptólogo Stephen Quirke señala que antes del Nuevo Reino, Atum y la Enéada eran considerados más ampliamente como las principales deidades creadoras en todo Egipto.[13]

Como muchos otros dioses, Atum se identificó rápidamente con el dios del sol Ra, y fue frecuentemente venerado como Atum-Ra. Sin embargo, Atum también tenía su propio papel independiente con

---

[13] Stephen Quirke, *Exploring Religion in Ancient Egypt* (Chichester: John Wiley & Sons, 2015), 137.

respecto a la teología solar. Los antiguos egipcios personificaban al sol como diferentes deidades dependiendo de la hora del día. En este sistema, Atum era el sol poniente, mientras que Ra era el sol del mediodía y Khepera era el sol naciente.

La conexión entre Atum y la luz está claramente dibujada en el mito del Ojo de Ra y la creación de los seres humanos. En este mito, Shu y Tefnut se separan de Atum en la inmensidad de Nun, por lo que Atum envía su Ojo a buscarlos. Mientras el Ojo está lejos, a Atum le crece uno nuevo. Cuando el primer Ojo regresa triunfante con Shu y Tefnut, Atum llora de alegría, y de sus lágrimas se crean los seres humanos. El primer Ojo se pone celoso del segundo, así que Atum le da al primero un lugar de honor convirtiéndolo en el disco solar y poniéndolo sobre su cabeza.

Además de sus papeles como creador y como aspecto del sol, se pensaba que Atum a veces tomaba la forma de un icneumón (mangosta egipcia). La autora Margaret R. Bunson afirma que esto se debió a la capacidad de la mangosta para matar serpientes venenosas sin sufrir daño y porque comía huevos de cocodrilo.[14]

---

[14] Margaret R. Bunson, *Encyclopedia of Ancient Egypt*, rev. ed. (New York: Facts on File, Inc., 2002), 177.

Bastet (Bast, Boubastis, Pasht)

Diosa de la fertilidad y la maternidad, protectora del faraón, e identificada con el Ojo de Ra, la diosa con cabeza de gato Bastet fue conceptualizada originalmente como una deidad con cabeza de león y a menudo se alineaba con Sejmet, otra diosa con cabeza de león. De hecho, Bastet y Sejmet a veces eran tratados como dos facetas diferentes de la misma deidad. Debido a la asociación de Bastet con Sejmet, ella también estaba vinculada con la diosa con cabeza de vaca Hathor, que se transformó en Sejmet y destruyó a la humanidad por orden de Ra.

En su forma de cabeza de gato, Bastet (también conocida como Bast) suele ser representada con cuerpo de mujer, vestida con un vestido de lino y llevando un sistro (un tipo de sonajero) y una caja o tarro. Tanto el significado real como la pronunciación del nombre de Bastet siguen sin estar claros. La egiptóloga Geraldine Pinch sugiere que significa algo así como "La del frasco de ungüentos", porque Bastet se asociaba con ungüentos y perfumes.[15]

Bastet fue venerada en su forma de león durante los primeros mil años de la historia de la dinastía egipcia. El cambio a su forma de gato

---

[15] Geraldine Pinch, *A Handbook of Egyptian Mythology* (Santa Barbara: ABC-CLIO, 2002), 115.

ocurrió en algún momento del segundo milenio AEC. Pinch señala que los diferentes aspectos de Bastet "como madre protectora y terrible vengadora" pueden encontrarse en muchas fuentes diferentes. Entre ellas se encuentran los Textos de las Pirámides, que datan de aprox. 2400 a 2300 AEC; los Textos de los Ataúdes, que son hechizos protectores escritos en el interior de los ataúdes, que datan de aprox. 2181 a 2185 AEC; y en el *Libro de los Muertos*, un texto funerario del Nuevo Reino que contiene colecciones de hechizos y oraciones destinadas a guiar el alma a través de los peligros del inframundo.[16]

Las ideas sobre el carácter de Bastet, tal como se describen en los mitos que la involucran, giraban en parte en torno al comportamiento observado de los gatos. Bastet se asociaba con la fertilidad y la maternidad porque los gatos mismos son muy fértiles y también madres devotas y atentas. La ferocidad del gato, por otro lado, se muestra en un mito en el que Bastet ayuda a Ra a matar a la serpiente demonio Apep (también conocida como Apofis) atacándola con sus garras. La independencia del gato y su falta de voluntad para ser domesticado se refleja en un mito que suele denominarse "La diosa lejana", en el que Bastet, en su disfraz de Ojo de Ra y en forma felina, huye al desierto, y Ra tiene que enviar a un dios (que varía según la versión de la historia) para convencerla de que vuelva a casa. Geraldine Pinch señala que en el Egipto ptolemaico, el regreso de la diosa distante tenía importancia en el calendario egipcio y en las creencias sobre el origen de las inundaciones del Nilo, ya que se decía que el regreso de la diosa a su hogar iniciaba la inundación del Nilo, que se consideraba el comienzo del año egipcio.[17]

El culto a Bastet se centraba en la ciudad de Bubastis, situada en el borde oriental del delta del Nilo, donde la diosa tenía un buen templo. El culto a Bastet incluía ofrendas votivas de estatuillas de

---

[16] Pinch, *Handbook*, 115.

[17] Pinch, *Handbook*, 90.

gatos de bronce y gatos momificados reales. El antiguo historiador Heródoto, que se refiere a Bastet como la diosa romana Diana, pensaba que el templo de Bastet era el más bello de Egipto.[18] En su descripción del recinto del templo, Heródoto dice que dos canales corrían desde el Nilo hasta la entrada, "uno fluyendo alrededor de él por un lado, el otro por el otro", y que se habían plantado árboles a lo largo de los bordes de cada canal.[19] Además, Heródoto dice que los terrenos del templo estaban rodeados por un muro "esculpido con figuras... y dentro hay una arboleda de árboles altos, plantados alrededor de un gran templo".[20]

Heródoto también escribió una descripción del principal festival de Bastet, que el historiador Lewis Spence dice que se celebraba en abril y mayo de cada año.[21] El festival de Bastet parece haber sido una de las fiestas más populares del calendario egipcio, atrayendo a 700.000 visitantes a Bubastis cada año, según Heródoto.[22] Este festival era una ocasión de gran regocijo, celebrado con sacrificios, procesiones de barcazas por el río, música, cantos y bailes, y el consumo de enormes cantidades de alcohol. De hecho, Heródoto estimó que en el festival de Bastet, "se consume más vino... que en todo el resto del año".[23] Es posible que el volumen de vino consumido en el festival de Bastet estuviera relacionado con el mito de Hathor/Sejmet, en el que la sed de sangre de la diosa es saciada por la cerveza elaborada por Ra, la cual ha sido coloreada para que

---

[18] Herodotus II:137; Henry Cary, trans., *Herodotus* (London: George Bell and Sons, 1901), 150.

[19] Herodotus II:137; Cary, trans., 150.

[20] Herodotus II:137; Cary, trans. 150.

[21] Lewis Spence, *Myths and Legends of Ancient Egypt* (Boston: David D. Nickerson & Co., [1915]), 148.

[22] Herodotus II:60; Cary, trans., 118.

[23] Herodotus II:60; Cary, trans., 118.

parezca sangre para que Hathor/Sejmet beba eso en lugar de la sangre del pueblo. La treta funciona; Hathor/Sejmet bebe hasta que pierde el sentido, y después de ese punto no tiene más deseos de matar.

El Libro de los Muertos y otros textos funerarios

Desde el Antiguo Reino, ha sido una tradición funeraria egipcia escribir oraciones y hechizos en las paredes de las tumbas de los faraones, para darles la información y el poder que necesitaban para navegar por los peligros del Duat y alcanzar la vida eterna. En el Reino Medio, estos textos se escribían dentro de los ataúdes de la aristocracia, pero durante el Reino Nuevo, se empezaron a producir colecciones de oraciones y hechizos para cualquier persona egipcia que pudiera tener el dinero para comprarlos. Estas colecciones, que estaban escritas en pergaminos de papiro y a menudo ilustradas, se conocen como el *Libro de los Muertos*. Las diversas versiones del *Libro de los Muertos* constituyen algunas de las fuentes de información más importantes sobre los mitos, la cosmología, la religión y las prácticas funerarias egipcias.

Aunque a estas colecciones se les da un título único y unitario, están lejos de ser uniformes. Algunas colecciones son considerablemente más largas y están más profusamente ilustradas que otras, y era posible que la persona que compraba uno de estos libros los hiciera a medida seleccionando qué hechizos y oraciones podían incluirse. Otras versiones del libro parecen haber sido producidas en masa, aunque el nombre de la persona que las compró podría estar escrito en el interior en el momento de la compra.

El *Libro de los Muertos* estaba destinado a ser enterrado con los fallecidos para que pudieran usarlo para afrontar cualquier peligro que pudieran encontrar cuando llegaran al Duat. Una sección particularmente importante de este libro trataba de lo que uno debía hacer durante la ceremonia del pesaje del corazón, que determinaría si al difunto se le permitiría ir al paraíso o si sería aniquilado para siempre.

Otro texto funerario que se usó regularmente durante el Nuevo Reino fue el *Libro de las Puertas*. Describía los doce sectores del inframundo y el viaje del sol de oeste a este durante la noche, lo que lo hacía similar al *Amduat*, otro texto importante (El *Amduat* se resume en el capítulo sobre el Duat a continuación). Las secciones del *Libro de las Puertas* están alineadas con las doce horas de la noche, y cada una está poblada por diferentes colecciones de deidades y otros seres que intentan ayudar u obstaculizar el paso de Ra por sus territorios, una estructura compartida con la *Amduat*.

Cada región del Duat en el *Libro de las Puertas* se describe como teniendo una puerta específica con su propio nombre específico, y cada puerta está custodiada por una serpiente diferente. Por ejemplo, la puerta de la tercera hora se llama "Señora de la Crianza", y la serpiente guardiana se llama "el Aguijón", mientras que la puerta de la séptima hora se llama "La Brillante", y su serpiente guardiana se llama "Ojo Escondido".[24]

Mientras que el *Libro de los Muertos* proporcionaba protección al difunto y el *Libro de las Puertas* explicaba cómo era el Duat, el *Libro de la Apertura de la Boca* contenía instrucciones detalladas para el Rito de la Apertura de la Boca, una importante liturgia funeraria que se realizaba tanto en las estatuas como en los restos momificados de los difuntos. Dado que las creencias y prácticas funerarias egipcias

---

[24] Pat Remler, *Egyptian Mythology A to Z*, 3rd ed. (New York: Chelsea House, 2010), 30-31.

incluían ofrendas de comida y bebida al difunto, el Rito de la Apertura de la Boca era vital para permitir que la persona muerta pudiera consumir las ofrendas en la otra vida. La egiptóloga Ann Macy Roth ha argumentado que el procedimiento utilizado en este ritual estaba destinado a imitar

> el nacimiento y la maduración de un niño. Su propósito era llevar al difunto recién nacido a través de las transiciones del nacimiento y la infancia, para que pudiera nutrirse (adulto) con los alimentos proporcionados en tal profusión por los cultos mortuorios egipcios. Por lo tanto, el ritual enfatizaba los aspectos del proceso que afectaban a la forma en que el niño recibía la alimentación: la conexión inicial con la placenta, la ruptura del cordón umbilical, el amamantamiento, el destete y la dentición.[25]

El rito podía tener hasta setenta y cinco secciones, pero también se realizaban versiones menos elaboradas. Las herramientas y objetos especiales utilizados en la ceremonia incluían incienso, ungüento y agua, que se utilizaban para purificar la estatua, y la ropa con la que se vestía la estatua. Un implemento particularmente importante era una azuela o cincel que se utilizaba para "abrir" ritualmente la boca de la estatua o de la persona fallecida para que pudiera respirar, comer y beber. El *Libro de los Muertos* se refiere a este aspecto de la ceremonia en el capítulo 23:

> Mi boca es abierta por Ptah,
>
> Los lazos de mi boca se aflojan por mi ciudad-dios.
>
> Thoth ha venido completamente equipado con hechizos,
>
> Suelta las ataduras de Set de mi boca.

---

[25] Ann Macy Roth, "Fingers, Stars, and the 'Opening of the Mouth': The Nature and Function of the *ntrwj*-Blades". *The Journal of Egyptian Archaeology* 79 (1993): 60.

Atum me ha dado mis manos,

Se colocan como guardianes.

Mi boca se me ha dado,

Ptah me abre la boca

Con ese cincel de metal

Con el que abrió la boca de los dioses.26

Como otros textos funerarios, el *Libro de la Apertura de la Boca* contiene tanto ilustraciones como texto. Sin embargo, en el *Libro de la Apertura de la Boca*, las ilustraciones tienen una función diferente a las del *Amduat*, por ejemplo. Más que descripciones de un espacio o colección de deidades en particular, las ilustraciones del *Libro de la Apertura de la Boca* acompañan al texto explicando cómo se debe realizar cada parte del rito. Las ilustraciones muestran quién debe hacer qué, así como cómo se deben utilizar diversos elementos como el agua.[27]

Un aspecto interesante de la realización del Rito de Apertura de la Boca fue la continuidad que creó entre el mundo mortal y el divino. Sacerdotes humanos vivos y sus ayudantes realizaban el rito en estatuas y en los cuerpos momificados de los difuntos, pero también lo hacían dioses funerarios como Anubis y Upuaut, que a veces son representados como involucrados en acciones del rito. Además, algunos de los actores humanos del rito interpretados por sacerdotes vivos podían asumir el papel de deidades. Por ejemplo, en la versión del rito conservada en la tumba del faraón Seti I, dos mujeres participaron en la historia representando a las diosas Isis y Neftis.[28]

---

[26] Miriam Lichtheim, *Ancient Egyptian Literature: A Book of Readings*, Vol. 2: *The New Kingdom* (Berkeley: University of California Press, 1976), 120.

[27] Una edición completa del libro tal y como existe en la tumba de Seti I es E. A. Wallace Budge, *The Book of Opening the Mouth: The Egyptian Texts With English Translations* (London: Kegan Paul, Trench, Trübner & Co., Ltd., 1909), 2 vols.

[28] Budge, *Opening the Mouth* I, 12.

Estas representaciones humanas de deidades, por un lado, y las imágenes de deidades realizando acciones humanas, por otro, crearon un complejo de vínculos y alineamientos entre mitos, creencias religiosas y prácticas funerarias que conectaban los mundos divino y humano, así como también conectaban a los vivos con los muertos. Esto es así porque a menudo se pensaba que el difunto se convertía en Osiris después de la muerte, para entrar en la vida eterna, y como Osiris fue llorado por Isis y Neftis después de ser asesinado por Set, también la persona fallecida necesitaba a alguien que representara a estas diosas para que pudieran ser debidamente lloradas al igual que Osiris.

Los cuatro hijos de Horus

Los hijos de Horus el Anciano tuvieron varios roles dentro de las creencias religiosas y cosmológicas egipcias. En términos de cosmología, se pensaba que eran los cuatro pilares que sostenían el cielo, y a menudo se les asociaba con las cuatro direcciones cardinales. Sin embargo, la mayor parte de su función estaba relacionada con las prácticas funerarias, ya que se pensaba que ayudaban al tránsito del alma hacia el más allá. A menudo se representan en papiros funerarios, y en los textos de las pirámides, se les pide que protejan y guíen el alma del faraón cuando entra en la otra vida. Las cabezas esculpidas de los hijos de Horus a veces se usaban como guardianes de los vasos canopos usados en la momificación.

Las antiguas prácticas funerarias egipcias implicaban la cuidadosa extracción de los órganos internos para preparar el embalsamamiento del cuerpo. El estómago, los intestinos, los pulmones y el hígado se colocaban cada uno en sus propios frascos especiales, a veces conocidos como "Vaso canopo". Estos órganos eran cuidadosamente preservados y enterrados con el resto del cuerpo, ya que los antiguos egipcios creían que los órganos se reunirían con el cuerpo en la otra vida (el corazón se dejaba dentro del cuerpo para que pudiera ser usado en la ceremonia del pesaje del corazón).

El estilo de las tapas de los vasos canopos sufrió cambios con el paso del tiempo. Los vasos más antiguos tienen tapas simples, mientras que los del Primer Periodo Intermedio están decorados con cabezas humanas. Durante el Nuevo Reino, el estilo cambió una vez más, y cada tapa fue diseñada para representar a uno de los cuatro hijos de Horus el Viejo. Cada uno de estos dioses estaba asociado con una diosa protectora específica, y cada uno tenía un papel específico como guardián de uno de los órganos preservados.

Duamutef

Duamutef tenía la cabeza de un chacal. Era el guardián del estómago, y estaba asociado con el este. Su diosa guardiana era Neit.

Hapi (1; también Hapy)

Hapi tenía la cabeza de un babuino y protegía los pulmones. Estaba asociado con el norte, y su diosa guardiana era Neftis. (Para la deidad del mismo nombre que estaba asociada a las inundaciones del Nilo, (ver Hapi (2) abajo).

Amset (Imset, Imseti, Imsety, Amsety, Mesti, Mesta)

Asociado con el sur, *Amset* tenía forma humana y protegía el hígado. Su diosa guardiana era Isis.

Kebeshenuef (Qebhsenuf)

El guardián de Kebeshenuef era Serket, una diosa de la fertilidad y la curación, que se asociaba especialmente con la protección contra picaduras y mordeduras venenosas. Kebeshenuef fue representado con una cabeza de halcón. Se le asociaba con el este y protegía los intestinos.

Geb (Seb, Keb, Kebb, Gebb)

Como descendencia de Shu y Tefnut, Geb era el dios de la tierra, y su consorte era la diosa del cielo Nut. Geb era parte de la Enéada (Nueve Dioses) de la ciudad de Heliópolis, un grupo de deidades que incluía al padre, la esposa y los hijos de Geb. En las representaciones visuales, Geb suele ser representado junto con Shu y Nut. En estas imágenes, Geb yace en el suelo, mientras que Nut arquea su cuerpo sobre él, con solo sus dedos de las manos y los pies tocándolo en los extremos de su cuerpo. Mientras tanto, Shu está de pie en medio del cuerpo de Geb, donde sostiene a Nut con sus brazos. Esto representa el cielo arqueado sobre la tierra, con el aire separando la tierra del cielo y manteniendo el cielo en posición.

Al igual que Osiris, Geb fue representado a veces en el mito como un rey pseudo-histórico de Egipto. Sin embargo, a diferencia de Osiris, que es un dios justo y gentil, Geb es despiadado, celoso y violento. En un mito de la trigésima dinastía que se conserva en un santuario en Phakussa (ahora Faqus) en el borde oriental del Delta del Nilo, el padre de Geb, Shu, tiene el trono de Egipto, y ha gobernado durante mucho tiempo. Geb está celoso del poder de su padre y aún está enojado porque Shu lo separó de su amada esposa, Nut. Geb lidera una revuelta que expulsa a Shu, después de la cual Geb viola a su madre, Tefnut. Nueve días de vientos aullantes y tormentas violentas siguen las acciones de Geb, pero cuando todo se apaga, Geb toma el trono y es reconocido como el rey. Cuando Geb intenta tomar la corona de su padre, el *ureo*, o cobra, que la adorna escupe veneno que quema a Geb y mata a sus seguidores. Geb es curado por un mechón de pelo de Ra, y finalmente se establece para convertirse en un buen gobernante. Cuando Geb decide abdicar, designa a Horus como su heredero en el norte y a Set como su heredero en el sur.

Geb también fue identificado a veces como el "Gran Cackler", el ganso que puso el huevo primordial del que surgió el universo. Por lo tanto, a veces se le representa con una cabeza de ganso. En otras ocasiones, se le representa como un rey humano, llevando la corona combinada del Alto y Bajo Egipto.

Hapi (2; también Hapy)

Asociado con las inundaciones anuales del Nilo, Hapi era uno de los dioses más venerados del panteón egipcio. Se decía que Hapi vivía en el inframundo o en una isla en Elefantina en la primera catarata del Nilo. En la isla, Hapi residía en una gruta que era custodiada por el dios Khnum.

Hapi lleva un kilt de hombre y un tocado de plantas de papiro. Normalmente se le representa como una figura intersexual, con la barba y el pelo de un hombre, pero los pechos de una mujer. También suele tener un vientre abultado. Hapi es representado con pechos y vientre porque se le consideraba una figura nutritiva, ya que la vida en el antiguo Egipto dependía completamente de la fecundidad que traían las inundaciones anuales. Hapi suele tener la piel azul o verde, y en el Nuevo Reino a veces se le retrataba como un par de dioses idénticos que tiraban de los tallos de dos plantas que se entrelazan entre sí. En esta forma, Hapi representa la unión del Alto y Bajo Egipto.

Hapi estaba íntimamente ligado a Osiris en la imaginación religiosa egipcia. Así como Osiris volvió a la vida después de morir, Hapi revivió a Egipto cada año con aguas de inundación vivificantes. Se consideraba que Osiris era el dios que primero enseñó a la gente a cultivar y cosechar granos, y como las inundaciones de Hapi hicieron posible la agricultura, se pensaba que el regreso de los cultivos cada año simbolizaba la resurrección de Osiris. Por lo tanto, la cosecha que seguía a las inundaciones era tanto una conmemoración como una renovación de los dones de Osiris en cuanto a la cebada y la agricultura.[29]

Un himno sobreviviente a Hapi lo alaba por su generosidad, y del texto se desprende claramente que la época de las inundaciones del Nilo era una ocasión de celebración en el antiguo Egipto. El himno también deja claro que las inundaciones que fueron insuficientes o abrumadoras podrían significar un desastre, y por lo tanto Hapi podría tener un aspecto destructivo además de nutritivo. A continuación se presentan algunos extractos de este himno, que data del Reino Medio:[30]

> Salve a ti, Hapi,
>
> Nacido de la tierra,
>
> ¡Ven a alimentar a Egipto!
>
> De maneras secretas,
>
> Una oscuridad de día,
>
> ¡A quien sus seguidores cantan!
>
> . . . .
>
> Cuando está perezoso, las narices se obstruyen,
>
> Todo el mundo es pobre;
>
> Como los panes sagrados están cortados,
>
> Un millón de personas perecen entre los hombres.
>
> Cuando él saquea, toda la tierra se enfurece,

---

[29] Pinch, *Handbook*, 137.

[30] Miriam Lichtheim, *Ancient Egyptian Literature: A Book of Readings*, Vol. 1: *The Old and Middle Kingdoms* (Berkeley: University of California Press, 1973), 205–09.

Rugido grande y pequeño;

La gente cambia de acuerdo a su llegada,

Cuando Khnum lo haya moldeado.

. . . .

Cuando se levante en la residencia,

Los hombres se dan un festín con los regalos de los prados,

Adornado con loto para la nariz,

Y todas las cosas que brotan de la tierra.

Las manos de los niños están llenas de hierbas,

Se olvidan de comer.

Las cosas buenas están esparcidas por las casas,

Toda la tierra salta de alegría.

. . . .

¡Oh, qué alegría cuando vienes!

Tú que alimentas a los hombres y a los rebaños

¡Con tus regalos de la pradera!

¡Oh, qué alegría cuando vienes!

Hathor

Hathor es una deidad compleja que jugó múltiples papeles importantes dentro de la religión y la cultura egipcia. Se la veía como una diosa vaca, una patrona de la fertilidad y la maternidad. Hathor también tenía fuertes asociaciones con la música, la danza, la embriaguez y la sensualidad. Como una de las diosas que representaba el Ojo de Ra, Hathor también tenía un aspecto aterrador y destructivo. Esta doble naturaleza como vaca nutritiva y Ojo de Ra feroz es a menudo capturada en las representaciones de la diosa, donde se la muestra como una bella mujer que lleva un tocado de dos largos y curvos cuernos de vaca entre los cuales se encuentra el disco solar.

Si Hathor era adorada en el período predinástico es todavía una pregunta vigente. La egiptóloga Carolyn Graves-Brown señala que "el primer testimonio claro de Hathor es en el reinado de Kefrén en la Cuarta Dinastía".[31] Sin embargo, una vez que el culto de Hathor se estableció, se hizo inmensamente popular. El principal centro de culto de Hathor estaba en Dendera, en el centro de Egipto, pero

---

[31] Carolyn Graves-Brown, *Dancing for Hathor: Women in Ancient Egypt* (London: Continuum, 2010), 17.

Graves-Brown dice que "se construyeron más templos a [Hathor] que a cualquier otra diosa egipcia".[32]

Además de servir como el Ojo de Ra, Hathor fue considerada a veces como la madre de Ra y por lo tanto la madre del faraón por extensión. Esta conexión fue reforzada por imágenes que mostraban a Hathor amamantando al faraón.[33] El faraón viviente participaba en un rito destinado a representarlo amamantando por el pecho de Hathor. En este rito, el faraón bebía de las tetas de las vacas sagradas que se guardaban en el Templo de Hathor. Geraldine Pinch señala que esta actividad "era parte de la ceremonia de coronación, y parece que se repetía regularmente".[34]

El papel maternal de Hathor se extendió más allá de los límites de la vida. Era una de las diosas que se dice que vivía en el Campo de Cañas, que era el nombre egipcio para el paraíso. Así como se pensaba que los hombres tomaban el nombre de Osiris al morir, también las mujeres tomaban el nombre de Hathor, aunque este último fue un desarrollo relativamente tardío.[35] Como diosa de la muerte, el deber de Hathor era llevar el alma a la otra vida y velar por su comodidad. Lo vemos en una oración encontrada en una copa que data de 1550 AEC, donde uno de los buenos deseos para la persona muerta es "que Hathor te dé cerveza".[36]

Es Hathor quien le da cerveza al alma por el papel de la diosa en el mito de la destrucción de la humanidad. En el mito, Ra está

---

[32] Graves-Brown, *Dancing for Hathor*, xi.

[33] Margaret Bunson, *Encyclopedia of Ancient Egypt*, rev. ed. (New York: Facts on File, Inc., 2002), 160.

[34] Geraldine Pinch, *Magic in Ancient Egypt* (London: British Museum Press, 1994), 83.

[35] Mark Smith, *Following Osiris: Perspectives on the Osirian Afterlife from Four Millennia* (Oxford: Oxford University Press, 2017), 252, 417.

[36] Stephen Quirke, *Exploring Religion in Ancient Egypt* (Chichester: John Wiley & Sons Ltd., 2010), 69.

enojado porque los seres humanos están haciendo cosas malas y descuidando la adoración de los dioses. Ra envía a Hathor a la Tierra como su Ojo para provocar la destrucción y enseñar una lección a los humanos. Desafortunadamente, Hathor se ve tan envuelta en esta tarea que se arriesga a destruir a toda la humanidad, así que los otros dioses le ruegan a Ra que la contenga, de lo contrario no quedaría nadie para adorarlos. Ra logra esto haciendo que se haga cerveza y luego se coloree de rojo. Hathor, que ha tomado la apariencia de la diosa con cabeza de león Sejmet, piensa que la cerveza es sangre, y bebe tan profundamente de ella que se desmaya borracha. Cuando se despierta, vuelve a entrar en razón.

La cerveza, la bebida y la embriaguez eran partes esenciales de las fiestas de Hathor. Estos festivales eran también ocasiones para la expresión de la alegría a través de la música y la danza. Hathor se asociaba especialmente con el sonido del sistro, una especie de sonajero metálico, y aunque la danza formaba parte de la adoración de muchos dioses egipcios, estaba especialmente relacionada con Hathor. Graves-Brown señala que la danza era lo suficientemente importante para la adoración de Hathor como para que los hombres a veces también bailaran. Y no solo eso, sino que había veces en que el propio faraón bailaba para la diosa.[37]

Un aspecto de Hathor es que tenía deberes particulares con respecto a los niños recién nacidos. Esta forma de Hathor la dividía en siete diosas, y en esta forma, visitaba a los recién nacidos y declaraba cuál sería su destino. Las Siete Hathors también podían ser llamadas en asuntos de amor y se pensaba que ofrecían protección contra los demonios.[38]

Hathor también participó en la leyenda de Osiris que fue central para muchas prácticas religiosas egipcias. Algunos eruditos piensan que una versión más antigua del mito sitúa a Hathor en el papel de

---

[37] Graves-Brown, *Dancing for Hathor*, xi.

[38] Pinch, *Magic in Ancient Egypt*, 37, 81.

esposa de Osiris y madre de Horus, un papel que más tarde fue asumido por Isis.[39] Hathor juega un papel diferente en una continuación de la leyenda de Osiris conocida como "La batalla de Horus y Set", en la que el joven Horus tiene que defender su reclamo al trono contra su malvado tío, el dios del caos Set. En esta historia, Ra y los otros dioses actúan como jueces que intentan averiguar si conceder la corona a Horus o a Set. En un momento dado, Ra se harta tanto de los procedimientos que entra en su tienda solo para desahogarse. Los otros dioses discuten qué se puede hacer para aliviar el mal humor de Ra, y Hathor se ofrece de voluntaria para tratar el problema. Entra en la tienda de Ra, donde se quita la ropa. Cuando Ra ve el cuerpo desnudo de Hathor, su buen humor se restablece, y regresa a su legítimo lugar entre los dioses.

La asociación de Hathor con Horus continuó incluso después de que Isis suplantara a Hathor como su madre. En algunos lugares, Hathor era considerada como la consorte de Horus. Esto era cierto particularmente en Edfú, donde se construyó un bello templo a Horus durante el período Ptolemaico. La egiptóloga Rosalie David señala que un evento anual en el templo de Edfú consistía en tomar la estatua de Hathor de su templo en Dendera y navegarla por el río hasta Edfú, donde se celebraban ceremonias para conmemorar el matrimonio de Hathor y Horus.[40] Cuando el festival terminara, la estatua sería llevada a Dendera y devuelta a su santuario.

---

[39] Véase, por ejemplo, Hart, *Dictionary*, 62.

[40] A. Rosalie David, *Discovering Ancient Egypt* (New York: Facts on File, 1994), 38.

Horus (Hor, Her, Heru, Har)

Horus es una de las deidades más antiguas y complejas del panteón egipcio y quizás sea una de las más familiares para los lectores modernos. Horus suele ser representado como un halcón, o como un hombre con cabeza de halcón. En cualquiera de las dos representaciones, a veces se le ve llevando la corona *pschent* de un Egipto superior e inferior unido. Otras veces se le muestra como un joven humano alado con el dedo levantado hasta los labios; esta versión del dios fue tomada por los griegos como Harpócrates, el dios de los secretos.

Desde el principio de la historia egipcia, Horus era un dios aliado de la realeza. El faraón pre-dinástico Menes, que unió el Alto y el Bajo Egipto en un solo país, estaba especialmente dedicado a Horus, lo que ayudó a nacionalizar el culto de Horus. Sin embargo, no fue solo el hecho de que el rey adorara fervientemente a Horus lo que unió al dios con el trono. Un principio fundamental de la realeza egipcia era que el propio rey era un dios, y que específicamente era una manifestación o incluso la reencarnación de Horus. Este vínculo se consolidó cuando, al asumir el trono, el rey tomó un nuevo nombre que fue referido como su "nombre de Horus".

La comprensión de la naturaleza de Horus se hace difícil por la multiplicidad de sus manifestaciones. No está claro si éstas estaban destinadas a ser avatares de la misma deidad, o si eran, de hecho, dioses completamente separados. Se dice que una versión de Horus, a menudo llamado "Horus el Viejo", era hijo del dios tierra Geb y de la diosa del cielo Nut, convirtiéndolo en el hermano de Isis, Osiris, Neftis y Set. La segunda versión se suele llamar "Horus el Joven", y en esta manifestación, es el hijo de Isis y Osiris.

Desde los primeros tiempos, Horus el Viejo era un dios del cielo, cuyos ojos eran el sol y la luna. La antigüedad de esta asociación con el cielo la señala la egiptóloga Geraldine Pinch, quien observa que "una de las primeras imágenes divinas conocidas de Egipto es la de un halcón en una barca"[41], una representación común del antiguo Egipto del movimiento de un cuerpo celeste a través del cielo, que se concebía como una especie de vía acuática celestial. En épocas posteriores, Horus se identificó con el dios del sol Ra, asumiendo así un aspecto solar. Pinch explica que en esta manifestación, se le conoció como "Ra-Horajty (Ra-Horus del Doble Horizonte), que triunfó sobre sus enemigos para levantarse en el este".[42]

Se dice que Horus el Joven es hijo de Isis y Osiris, que fue concebido después de la muerte de su padre a través de un acto mágico realizado por su madre. En el mito osiriano, Horus está en constante peligro por su malvado tío Set, que mata al padre de Horus no una sino dos veces en un esfuerzo por usurpar su trono. La manifestación de Horus como hijo de Isis y Osiris fue comúnmente cooptada por los faraones egipcios al menos por la Quinta Dinastía. Estos faraones se consideraban a sí mismos como descendientes de Horus y como una reencarnación de éste. Esta asociación se afirma en los textos de las pirámides, que se refieren al faraón como Horus cuando es un hombre vivo y como Osiris una vez que ha muerto y entrado en la otra vida.

---

[41] Pinch, *Handbook*, 143.

[42] Pinch, *Handbook*, 144.

Además del cuento de Osiris, el otro mito primario que involucra a Horus es "La Batalla de Horus y Set", una historia preservada en un papiro que data de la Vigésima Dinastía. En este cuento, Set ha usurpado el trono de Egipto después de la muerte de Osiris. Horus se presenta ante el dios supremo Ra-Horajty y todos los demás dioses para exigir que sea nombrado heredero legítimo de Osiris. Los dioses discuten una y otra vez sobre esto. La mayoría de ellos están de acuerdo en que Horus debería ser rey, pero Ra-Horajty y algunos otros piensan que Set debería conservar el trono porque es más viejo y tiene más experiencia. Los dioses piden consejo a Osiris y a la diosa Neit, quienes dicen que Horus debería llevar la corona.

Cuando la corte de los dioses no llega a un consenso, Set sugiere un único combate entre él y Horus, con el vencedor convertido en rey. En el primer combate, Set y Horus se convierten en hipopótamos para ver quién puede permanecer más tiempo bajo el agua. Isis, la madre de Horus, intenta amañar el combate arponeando a Set, pero su primer hechizo se estropea, golpeando a Horus en su lugar. El segundo hechizo golpea a Set, que se enfurece con su hermana por haberle hecho daño. Isis siente lástima por Set, así que retira el arpón, pero esto enfurece a Horus, que ataca a su madre y le corta la cabeza. Horus entonces huye a las montañas con la cabeza de Isis, mientras su cuerpo se convierte en una estatua sin cabeza. (Más tarde en la historia, Isis se revive.)

Ra-Horajty exige que Horus pague por su crimen, así que envía a varios dioses a buscarlo. Set se encuentra con Horus mientras duerme y le saca los ojos, luego niega haber visto a Horus. Horus es encontrado más tarde por Hathor, quien lo cura y lo trae de vuelta a casa. En este punto, Ra-Horajty está tan harto de Set y Horus que les dice que se vayan a casa, que coman juntos y que dejen de pelearse.

Set invita a Horus a casa para comer con él y ser su invitado durante la noche. Horus está de acuerdo, pero una vez que se duerme, Set intenta violarlo. Horus se las arregla para defenderse de Set, pero no antes de que Set haya eyaculado en sus manos. Más tarde, Set intenta convencer a los dioses de que Horus quería que Set tuviera sexo con él y que por lo tanto es impuro. Sin embargo, Set es el que termina siendo avergonzado cuando su semen llama a la corte de los dioses desde el río, donde Isis había lanzado las manos sucias de Horus (le hace nuevas después), y desde el interior del propio cuerpo de Set, ya que había comido lechuga sobre la que Isis había vertido secretamente algunas de sus semillas.

Set propone entonces otro concurso. Él y Horus van a hacer botes de piedra. El que haga un bote de piedra que flote en el agua se convertirá en el rey. Horus hace trampa haciendo un bote de yeso y madera que parece de piedra, y así gana el concurso, en el que Set se convierte en un hipopótamo y hace pedazos el bote de Horus.

El pleito entre Horus y Set se decide finalmente cuando Osiris envía una última carta diciendo que cosechará los corazones de aquellos que se niegan a tratar con justicia a sus semejantes. Esto asusta a los dioses para que tomen una decisión final. Set es encadenado y Horus es nombrado rey, en cuyo momento Set le concede el trono, y los dioses se alegran de que el asunto se haya decidido finalmente.

Imhotep (Imutes)

La deificación de los gobernantes, ya sea durante su vida o poco después de su muerte, era algo común en el mundo antiguo. Se pensaba que los reyes egipcios eran tanto la progenie como la manifestación viva de un dios, generalmente Horus o Amón-Ra. Era bastante menos común que otras personas alcanzaran la condición de deidad, aunque ocurría de vez en cuando. En el antiguo Egipto, vemos esto particularmente en la persona de Imhotep, el visir de la Primera Dinastía el faraón Zoser y probable arquitecto de la pirámide escalonada de Zoser en lo que hoy es Saqqara. Imhotep eventualmente fue adorado como un dios de la sabiduría y la curación.

La glorificación y posterior deificación de Imhotep surgió de una tradición de reverencia por su sabiduría y habilidad, porque el Imhotep histórico era un hombre talentoso y hábil que era más que digno de la confianza del faraón. Con el tiempo, la leyenda de Imhotep adquirió varias acreciones. A través de estas acreciones, Imhotep fue finalmente acreditado con la autoría de varios textos de sabiduría, se suponía que era un médico y sanador, y finalmente fue considerado como el hijo de Ptah, el dios supremo de Menfis. Algunas versiones de la paternidad de Imhotep afirman que su madre, Khereduankh, era una mujer mortal, mientras que otras afirman que era la hija del dios Banebdjedet, lo que llevó a algunas personas a venerarla como un ser divino por derecho propio. Una tercera afirmación sobre los orígenes de Imhotep lo hace totalmente divino, afirmando que era el hijo de Ptah y Sejmet. El alineamiento de Imhotep con Ptah, en lugar de con una deidad diferente, proviene del papel de Ptah como patrón de los arquitectos, constructores y artesanos. En su papel de hombre sabio, Imhotep también se convirtió en un dios patrón de los escribas.

Las acreciones a la leyenda de Imhotep y su eventual deificación ocurrieron durante un largo período de tiempo. Las referencias a Imhotep como una figura glorificada o deificada solo aparecen a partir del Reino Medio, cientos de años después de la muerte de Imhotep. Además, las leyendas sobre Imhotep y varias facetas de su biografía parecen haber sido creadas de una sola pieza; no hay pruebas de que él mismo escribiera textos de sabiduría (aunque sobrevive una que se le atribuye) o sirviera como curandero, y su supuesto estatus divino o semidivino es obviamente un trabajo de la imaginación más que de hecho.

Una referencia póstuma temprana a Imhotep proviene de una de las Canciones de Harper. Los textos de estas canciones se encuentran a veces inscritos en tumbas y a veces en pergaminos de papiro. El texto de la canción en cuestión se conserva en un papiro del Nuevo Reino, pero el idioma lo fecha en el Reino Medio.[43] En el papiro, la canción está etiquetada como encontrada en la tumba del Rey Intef, pero como varios reyes usaron ese nombre, es imposible saber exactamente cuál es la intención de la etiqueta. La canción es una meditación sobre la muerte; abajo hay un breve extracto:

---

[43] Lichtheim, *Literature* 1, 19.

> Sin embargo, los que construyeron las tumbas,
>
> Sus lugares ya no están,
>
> ¿Qué ha sido de ellos?
>
> He escuchado las palabras de Imhotep y Hardedef,
>
> Cuyos dichos se recitan enteros.
>
> ¿Qué hay de sus lugares?
>
> Sus paredes se han derrumbado,
>
> Sus lugares ya no están,
>
> ¡Como si nunca hubieran estado![44]

En esta canción, podemos ver que Imhotep es venerado, pero aún no es considerado un ser divino, ya que la canción afirma que está muerto.

Sin embargo, al menos durante el reinado de Amenofis III, Imhotep recibía culto en forma de libaciones. El texto de una oración de libación está atestiguado en múltiples papiros hasta el último período.[45] Además, es durante el Periodo Tardío cuando Imhotep comienza a ser visto como un ser divino, y para el Periodo Ptolemaico su divinidad parece haber sido bien establecida.[46] Durante el Periodo Ptolemaico, Imhotep se hizo muy popular entre los griegos, quienes identificaron a Imhotep con Asclepio, el dios griego de los médicos y la curación.

Sobreviven dos leyendas que recuerdan las acciones de Imhotep. Una es una estela de la época ptolemaica que conserva la leyenda del rey Zoser y la hambruna, que se resume en el capítulo sobre el dios Khnum que figura a continuación. La otra historia es mucho más

---

[44] Lichtheim, *Literature* 1, 196. Hardedef fue otro sabio del Viejo Reino que fue divinizado.

[45] Dietrich Wildung, *Egyptian Saints: Deification in Pharaonic Egypt* (New York: New York University Press, 1977), 34.

[46] Pinch, *Handbook*, 148.

reciente, ya que se ha conservado en un papiro del período romano de la Biblioteca del Templo de Tebtunis. Abajo hay un resumen de la historia de Tebtunis por la arqueóloga Marina Escolano-Poveda:

> Este texto y otras fuentes describen al padre divino [de Imhotep] Ptah, a su madre Khereduankh y a su hermana Renpetneferet, a veces también llamada su esposa. Imhotep es representado como un poderoso mago en la corte real de Zoser. En un episodio, viaja a Asiria para recuperar las 42 extremidades de Osiris y lucha en un concurso de magia contra una hechicera asiria.[47]

Además de los poderes mágicos atribuidos al Imhotep vivo en la historia de Tebtunis, otros textos tardíos también le atribuyen poderes divinos después de su muerte y elevación a la divinidad. Una estela tallada durante el reinado de Cleopatra VII fue hecha en memoria de Taimhotep, esposa del sumo sacerdote de Ptah en Memphis. Parte de la estela está dedicada a la historia de cómo Taimhotep pudo finalmente dar a su marido un heredero varón, lo que consiguió después de que ella y su marido rezaran juntos a Imhotep, "el dios grande en maravillas, efectivo en hechos, que da un hijo al que no tiene ninguno".[48] Que el culto a Imhotep era tan popular como importante se muestra también por la preservación de un himno dirigido a él en el Templo de Ptah en Karnak, que estaba situado junto al gran templo de Amón-Ra, uno de los centros religiosos más importantes de todo el antiguo Egipto.

---

[47] Marina Escolano-Poveda, "Imhotep: A Sage Between Fiction and Reality", American Research Center in Egypt website, accessed 23 June 2020, https://www.arce.org/resource/imhotep-sage-between-fiction-and-reality.

[48] Miriam Lichtheim, *Ancient Egyptian Literature: A Book of Readings*, Vol. 3: *The Late Period* (Berkeley: University of California Press, 1980), 62.

Isis

La diosa Isis es una de las deidades egipcias más conocidas por la gente hoy en día. Originalmente una diosa de la fertilidad, la maternidad y el parto, Isis también fue considerada como un antepasado de los faraones de Egipto, que se pensaba que eran tanto los descendientes directos del hijo de Isis, Horus, como manifestaciones del propio Horus. Isis estaba asociada con la magia y la curación, y muchos rezos y hechizos mágicos que han sobrevivido la invocan para pedir ayuda. Isis parece haber sido una diosa relativamente oscura en el Periodo Dinástico Temprano (también conocido como Periodo Arcaico), que comenzó alrededor del 3100 AEC, pero se convirtió en una de las figuras más importantes y duraderas del panteón egipcio. Tras la conquista de Egipto por Alejandro Magno, los griegos y los romanos también comenzaron a adorar a Isis, desarrollando sus propios ritos y misterios en torno a su culto. Incluso hoy en día, algunos paganos modernos adoran a Isis y crean rituales alrededor de su mito.

La primera referencia aparente a Isis puede estar en una tablilla hecha por Hor-Aha, un faraón de la Primera Dinastía del Periodo Arcaico. Esta tablilla se refiere a "Sothis, Abridor del Año, Inundación 1", que podría ser una referencia a Isis porque a menudo se la relacionaba con Sothis, la estrella que hoy conocemos como

Sirio, cuya elevación siempre señalaba la crecida del Nilo, un acontecimiento vital para la agricultura del antiguo Egipto.[49]

Por lo demás, las primeras referencias escritas a Isis datan del siguiente período importante de la historia del antiguo Egipto, el Antiguo Reino, y más concretamente de la Quinta Dinastía. Estas referencias aparecen en escritos conocidos colectivamente como los Textos de las Pirámides, que son inscripciones en las paredes de las tumbas de algunos de los faraones de Egipto y sus reinas en lo que hoy es Saqqara, Egipto, que originalmente había sido la capital egipcia de Menfis. Los primeros textos de las pirámides están en la tumba de Unis, que gobernó Egipto entre 2375 y 2345 AEC. Sin embargo, el egiptólogo James P. Allen afirma que la forma algo arcaica del lenguaje usado para los textos de la tumba de Unas sugiere que pueden ser de hecho mucho más antiguos.[50]

En todos los textos de la pirámide, Isis funciona como una de las deidades que cuida del alma del faraón en su transición a la vida después de la muerte. Por ejemplo, los textos de la pirámide de Unis muestran a Isis ofreciendo su pecho para que el alma de Unis se amamante y pidiéndole que le devuelva la vida, tal y como hizo con su marido/hermano, Osiris.[51] Isis también realiza servicios similares para los otros reyes y reinas cuyas tumbas conservan estos textos, la mayoría de los cuales datan de la Sexta Dinastía, aunque uno de ellos es de la Octava.

La egiptóloga Susan Tower Hollis observa paralelismos entre el papel de Isis como guía hacia la vida después de la muerte y el papel de las mujeres humanas que preparaban los cuerpos para el entierro. Como las mujeres humanas, Isis no está sola en su tarea; en los Textos de la Pirámide es constantemente emparejada con su

---

[49] Normandi Ellis, *Feasts of Light: Celebrations for the Seasons of Life Based on the Egyptian Goddess Mysteries* (Wheaton: The Theosophical Publishing House, 1999), 3.

[50] Allen, *Pyramid Texts*, 4.
[51] Allen, *Pyramid Texts*, 20, 35.

hermana, Neftis.[52] Hollis observa además que la historia familiar de la muerte de Osiris y la posterior búsqueda y resurrección de su cuerpo por parte de Isis se conserva principalmente no en las antiguas fuentes egipcias sino en las obras del historiador y erudito romano Plutarco, cuyo *De Iside et Osiride* ("Concerniente a Isis y Osiris") fue escrito en el siglo II de la era cristiana.[53]

La conexión de Isis con la autoridad real egipcia está atestiguada en parte por el uso de un trono como una especie de tocado en muchas representaciones visuales egipcias antiguas de la diosa. De hecho, su nombre en egipcio es *Eset*, que literalmente significa "asiento" o "trono". Sin embargo, esta no es la única forma en que se representa a Isis. Durante el Nuevo Reino, Isis comienza a ser mostrada con una corona de cuernos de vaca que sostiene un disco solar, lo que atestigua la fusión de Isis con la diosa vaca Hathor, una diosa egipcia anterior cuya popularidad disminuyó a medida que crecía la de Isis.

Aunque Isis fue aclamada como diosa de la fertilidad, especialmente con referencia a la inundación anual del Nilo que trajo el rico limo que hizo posible la agricultura en el árido clima desértico de Egipto, no era ella misma una diosa creadora sino más bien la tataranieta del dios creador original, Atum.

Según el mito de Isis y Osiris, Osiris se convierte en el gobernante de Egipto, enseñando a la gente la agricultura y la ley. Cuando Set se pone celoso del poder de Osiris, crea un cofre hecho precisamente a la medida de Osiris. Set engaña a Osiris para que entre en el cofre y luego lo arroja al Nilo, donde flota hasta el Delta. Cuando el cofre llega a la orilla, un árbol de tamarisco crece a su alrededor. El árbol es

---

[52] Susan Tower Hollis, *Five Egyptian Goddesses: Their Possible Beginnings, Actions, and Relationships in the Third Millennium BCE* (n.c.: Bloomsbury Publishing, 2019), n.p. Accessed on Google Books, http://www.google.com/books.

[53] Hollis, *Five Egyptian Goddesses*, n.p.

luego talado por el rey de Biblos, quien lo usa en la construcción de su casa.

Consternada por la desaparición de Osiris, Isis va a buscarlo. Finalmente encuentra el árbol, que ahora se utiliza como pilar, y se las arregla para liberar a Osiris de él. Para entonces, Osiris está muerto, así que Isis lleva su cuerpo a un pantano, donde se esconde del vengativo Set. Set finalmente encuentra el escondite mientras Isis no está y desmembra el cuerpo de Osiris, esparciendo los pedazos por toda la tierra.

Una vez más, Isis va a buscar a su marido, esta vez con la ayuda de su hermana, Neftis. Las hermanas se las arreglan para encontrar y reconectar todas las partes del cuerpo de Osiris excepto su pene, que ha aterrizado en el Nilo y ha sido comido por un pez. Osiris vuelve a la vida a través de la fuerza de la magia de Isis, pero debido a que su cuerpo está incompleto, ya no puede permanecer entre los vivos; se ha convertido en una momia, y así pasa al inframundo para convertirse en el señor de los muertos. Isis entonces da a luz a Horus, el hijo que Osiris le da cuando ella mágicamente le quita su semilla mientras que ella está en la forma de una cometa, un pequeño pájaro de presa.

En este mito, podemos ver muchas conexiones entre Isis y varios aspectos de la vida y la religión egipcia. El mito la designa como la creadora de la momificación y participante en los ritos funerarios junto con su hermana, Neftis; su magia permite que los muertos vuelvan a la vida y se trasladen al inframundo, un papel que se le pide repetidamente que desempeñe en los escritos funerarios como los Textos de las Pirámides; y se convierte en la madre de las casas reales de Egipto a través de su hijo, Horus.

A pesar de su importancia para la religión egipcia y las prácticas funerarias, Isis no tuvo un templo propio hasta bastante tarde, e incluso entonces, la mayoría de esos templos fueron construidos por gobernantes que no eran egipcios. El primer templo de Isis fue erigido hacia 690 AEC por el faraón kushita Taharqo en File, un importante centro sagrado cerca de la Primera Catarata del Nilo. El templo de File fue ampliado por Nectanebo II, el último faraón egipcio, a mediados del siglo IV a. C., pero el resto de la construcción fue supervisada por no egipcios, incluyendo algunos de los gobernantes helenísticos durante el período ptolemaico y más tarde por los emperadores romanos Augusto, Tiberio y Adriano.

El complejo del templo de File se utilizó para el culto de Isis hasta mediados del siglo VI d. C., cuando fue convertido en una iglesia cristiana por el emperador bizantino Justiniano I (527-565 d. C.). En tiempos modernos, el complejo del templo fue trasladado a una isla en medio del lago Nasser debido a los daños causados por la inundación de la presa de Asuán. El templo se sometió a un pesado trabajo de restauración como parte del proceso de traslado, y fue reabierto al público en 1980.

El final de casi tres mil años de dominio dinástico egipcio, a partir de la conquista persa en el año 343 a. C., tuvo importantes efectos en las prácticas religiosas egipcias. Una sucesión de reyes persas dominó Egipto hasta el año 332 a. C., cuando el líder militar macedonio Alejandro Magno se hizo cargo del país. La conquista de Alejandro puso en marcha la helenización de Egipto, un proceso que cobró fuerza después del 309 a. C., cuando la sucesión macedonia argéada llegó a un abrupto final con el asesinato del hijo de Alejandro. Después de un breve interregno, un compañero griego de Alejandro tomó el trono de Egipto como Ptolomeo I Soter ("Ptolomeo el Salvador") en el 305 a. C.

La llegada de Ptolomeo marcó el comienzo de un período de alteración de la cultura egipcia a través de la importación de gobernantes griegos e inmigrantes griegos. Este influjo de la cultura griega influyó en ciertos aspectos de la cultura y las prácticas religiosas egipcias, a pesar del apoyo de los gobernantes ptolemaicos a la expresión religiosa nativa egipcia, y a pesar del resentimiento egipcio hacia sus señores griegos. La conquista romana de Egipto en el 30

AEC creó lazos adicionales entre Egipto y el Imperio romano, asegurando también la interacción entre la cultura romana y egipcia.

Un resultado de este intercambio entre las culturas egipcia, griega y romana fue el crecimiento del culto a Isis, que encontró fuertes raíces tanto en Grecia como en Roma, aunque la aceptación del culto a las deidades egipcias en Roma encontró inicialmente cierta resistencia gubernamental oficial.[54] La capital de Alejandro, Alejandría, situada en la costa mediterránea de Egipto a lo largo del borde noroccidental del delta del Nilo, fue un lugar destacado para el crecimiento de este culto. La ubicación estratégica de Alejandría, su poder económico y su reputación como sede de aprendizaje la convirtieron en un lugar ideal para que la gente de Grecia y otras partes del mundo antiguo hicieran negocios y comenzaran nuevas vidas, y parte de ese proceso fue la adopción y transformación de las ideas y prácticas religiosas locales.

Sin embargo, la expansión helénica del culto a Isis no fue totalmente orgánica. Ptolomeo I reconoció la necesidad de integrar las prácticas religiosas griegas y egipcias, por lo que ordenó a dos sacerdotes, Manetón, un egipcio nativo, y Timoteo, hijo de inmigrantes griegos, que ayudaran a alinear las dos religiones y a suavizar los lugares donde las concepciones importantes sobre las diversas deidades estaban en conflicto.[55] El historiador R. E. Witt informa de que el resultado de la colaboración de Manetón y Timoteo fue la elevación de Isis y su hijo Horus al estatus de deidades primarias de Alejandría, con Anubis siguiéndoles de cerca. Pero una diosa madre no es nada sin una consorte, por lo que se creó una nueva deidad llamada Serapis (o Sarapis), como consecuencia del

---

[54] Herwig Maehler, "Roman Poets on Egypt", in *Ancient Perspectives on Egypt*, ed. by Roger Matthews and Cornelia Roemer (London: UCL Press, 2003), 205.

[55] R. E. Witt, *Isis in the Ancient World* (Baltimore: Johns Hopkins University Press, 1971), 52.

culto al toro de Apis en Menfis y como una sincretización de aspectos de las deidades griegas, como Zeus y Hades, con aspectos de las deidades egipcias, como Osiris y Amón.[56]

La propia Isis se sometió a un proceso de sincretización. Los antiguos escritores griegos como Diodoro Sículo y Heródoto la identificaron con Deméter, mientras que Plutarco la alineó con la hija de Deméter, Perséfone.[57] El historiador Vincent Arieh Tobin afirma que la identificación de Isis con Deméter tiene que ver en parte con los papeles de ambas dinastías como diosa de la fertilidad y, en particular, con su asociación con los cultivos de cereales, mientras que el autor Joshua J. Mark sugiere que es el viaje de cada diosa para encontrar a un ser querido fallecido lo que unió a las dos en la mente de los antiguos griegos.[58]

Sin embargo, aunque la diosa Isis era percibida por los adoradores o su identidad se forjaba para la percepción pública de los gobernantes, es innegable que su culto se convirtió en uno de los más importantes en muchos lugares de la cuenca del Mediterráneo durante el período ptolemaico. Podemos ver su importancia en la aretalogía de Isis, o lista de escrituras, de Cyme en Asia Menor, que probablemente fue escrita en algún momento del siglo II d. C. por un griego llamado Demetrio, que afirmó haberla copiado de una estela del templo de Hefesto en Menfis. En el extracto de la aretalogía que figura a continuación, Isis afirma ser la hija del dios griego Kronos y se la eleva al rango de diosa creadora, así como a la de creadora de orden y gobernante sobre varios aspectos de la naturaleza:

---

[56] Witt, *Isis in the Ancient World*, 52-53.

[57] Vincent Arieh Tobin, "Isis and Demeter: Symbols of Divine Motherhood", *Journal of the American Research Center in Egypt* 28 (1991): 187-8.

[58] Tobin, "Isis and Demeter", 188; Joshua J. Mark, "Isis", *Ancient History Encyclopedia*,19 February 2016, https://www.ancient.eu/isis/.

Di y ordené leyes para los hombres, que nadie es capaz de cambiar.

Soy la hija mayor de Kronos.

Soy esposa y hermana del rey Osiris.

Soy la que encuentra el fruto para los hombres.

Soy la madre del rey Horus.

Soy la que se alza en la Estrella de Perro

Para mí fue construida la ciudad de Bubastis.

Dividí la tierra del cielo.

Mostré los caminos de las estrellas.

Ordené el curso del sol y la luna.

Ideé negocios en el mar.[59]

Además de sincretizar las deidades egipcias y griegas, el culto helenizado a Isis, junto con su eventual expresión romana, tomó la forma de un culto al misterio similar a los Misterios Eleusinos, que se celebraban en honor a la diosa griega Deméter. Los cultos de misterio tenían extensas reglas sobre cómo convertirse en un iniciado y complejos rituales que guiaban la práctica de la iniciación y el culto. La información sobre la forma de los misterios de Isis sobrevive en las *Metamorfosis* de Apuleyo, una escritura numídica en latín del siglo II d. C. Las *Metamorfosis* de Apuleyo son también conocidas como *El Asno de Oro*, por la desgracia central del protagonista, Lucio, que se convierte en un burro. Lucio es posteriormente restaurado a su forma humana por la diosa Isis, con lo que se convierte en un iniciado en los misterios de esa diosa. La historiadora Antonía Tripolitis ofrece este resumen de los misterios según Apuleyo:

---

[59] Reprinted in Marvin W. Meyer, ed., *The Ancient Mysteries: A Sourcebook* (San Francisco: Harper & Row, 1987), 173.

La iniciación en el culto de Isaías se limitaba a los individuos que eran seleccionados por la propia Isis y que podían permitirse los altos gastos que implicaba la iniciación. Estos individuos eran notificados del honor por Isis en un sueño. Antes de la iniciación, el individuo se sometía a un baño de purificación y 10 días de estricto ayuno. El iniciado se vestía entonces con una túnica de lino y se le permitía entrar al santuario donde vagaba por los lugares oscuros del inframundo y se sometía a ciertas pruebas. La mañana siguiente a la iniciación, el iniciado, de pie en un podio de madera ante la estatua de Isis, era presentado a la multitud. Este día era considerado como un nuevo nacimiento para el iniciado. Significaba que había muerto a la antigua vida y renacido a un nuevo curso de vida y salvación bajo la protección de Isis.[60]

Sin embargo, el culto a Isis no fue completamente relegado a los cultos de misterio en el mundo grecorromano. Cada año en marzo, a partir del siglo I d. C., los romanos celebraban un festival público llamado *Navigium Isidis* ("la nave de Isis").[61] Durante este festival, que marcaba el comienzo oficial de la temporada de navegación, un barco especial consagrado a Isis se lanzaba al mar en una petición para que la diosa protegiera a los marineros, pescadores y a todos los que viajaban por las olas.[62]

---

[60] Antonía Tripolitis, *Religions of the Hellenistic-Roman Age* (Grand Rapids: William B. Eerdmans Publishing Company, 2002), 29.

[61] Laurent Bricault, *Isis Pelagia: Images, Names and Cults of a Goddess of the Seas,* trans. Gil H. Renberg (Leiden: Brill, 2020), 222.

[62] Bricault, *Isis Pelagia,* 228.

Aunque el culto a Isis disminuyó con el paso del tiempo, no desapareció del todo. En el siglo XVIII, Wolfgang Amadeus Mozart se refirió a aspectos del culto al misterio de Isis en su ópera *La flauta mágica*, en la que el personaje principal, Tamino, debe someterse a una serie de pruebas para conseguir la entrada al Templo de la Luz, y en la que se canta un himno a Isis y Osiris. Más recientemente, los paganos modernos han adoptado a Isis como una deidad digna de reverencia. Autores como Normandi Ellis y de Traci Regula han escrito libros que explican la historia del culto a Isis y demuestran cómo los devotos modernos pueden adaptar el culto a Isis a sus propias necesidades espirituales.[63]

Desde sus humildes comienzos como diosa funeraria nativa egipcia y patrona de la fertilidad y la maternidad, Isis alcanzó una estatura significativamente mayor en el mundo grecorromano que la que había tenido en su propio Egipto natal. Esto puede deberse a que es fácil identificarse con las luchas de la diosa en su mito: su dolor por la muerte de su cónyuge y su deseo de resucitarlo de entre los muertos, sus intentos de proteger a su joven hijo y su conexión con los aspectos humanos de la vida y la muerte a través del ciclo agrícola y los ritos funerarios. No es de extrañar, por tanto, que, a diferencia de muchas otras deidades antiguas, Isis siga siendo un personaje vivo en la imaginación humana incluso cinco siglos después de que empezara a ser adorada a orillas del Nilo.

---

[63] de Traci Regula, *The Mysteries of Isis: Her Worship and Magick* (St. Paul: Llewellyn Publications, 2001); Ellis, *Feasts of Light*.

Khnum (Chnum)

Khnum era el dios de la fuente del Nilo, y en algunos mitos era considerado como un dios creador. Khnum suele ser representado como un hombre con cabeza de carnero. Los cuernos de este carnero no se curvan en espiral sino que son ondulados y se extienden horizontalmente a izquierda y derecha sobre la cabeza del carnero. Los principales centros de culto para Khnum estaban en Elefantina, una isla en el río Nilo justo aguas abajo de la Primera Catarata, y Esna, que está en la orilla oeste del Nilo, al sur de Luxor.

La identidad de la consorte de Khnum variaba dependiendo de la ubicación. En Elefantina, se decía que Khnum era el esposo de Satis, la diosa de la guerra, la caza y la fertilidad, y el padre de Anuket, la diosa de las cataratas del Nilo. En Esna, la consorte de Khnum era, de forma variada, Neit o Menhit, ambas diosas de la guerra (aunque Neit era considerablemente más popular y poderosa), y el hijo de Khnum era Heka, el dios de la medicina y la magia. Khnum también estaba asociado con Hapi, el dios de las inundaciones del Nilo, y se decía que era una manifestación del alma del dios del sol, Ra. Cuando Khnum actuaba en esa capacidad, llevaba el nombre de Khnum-Ra.

Además de asegurar la inundación anual del Nilo, Khnum también creó el mundo de la nada y formó los primeros seres humanos en su torno de alfarero. Hizo hombres y mujeres de arcilla y les insufló vida, dándole a cada persona un *ba*, o alma. Un himno sobreviviente a Khnum del templo de Esna detalla su acto de creación, enumerando varias partes del cuerpo junto con sus funciones, y también afirmando que Khnum hizo las plantas y los animales.[64]

Aunque Khnum era adorado principalmente en Elefantina y Esna, era conocido y reverenciado en todo Egipto. Se le menciona en los Textos de las Pirámides, que datan de la Quinta Dinastía y que están escritos en las tumbas cerca de Saqqara, en la base del Delta del Nilo en el extremo opuesto del río de los principales centros de culto de Khnum. Por ejemplo, se dice que Khnum construyó un ferry para el faraón Unis, y se le atribuye haber creado al faraón Teti.[65]

La importancia de Khnum como creador y controlador de las inundaciones del Nilo fue aprovechada ocasionalmente con fines políticos. Cuando la Reina Hatshepsut asumió el trono tras la muerte de su marido, el Faraón Tutmosis II, promulgó el mito de que Amón era su padre y que su cuerpo y su alma fueron hechos por el propio Khnum, como parte de un esfuerzo para legitimar su gobierno.

Otro mito dice que cuando una hambruna descendió sobre la tierra, el faraón Zoser tuvo un sueño en el que Khnum se le apareció y prometió hacer que el Nilo se inundara para que la hambruna se detuviera. En agradecimiento por la ayuda del dios, Zoser dio una concesión de tierra y diezmos anuales para ser pagados al templo de Khnum. No está claro si la historia de Zoser data en realidad de la Tercera Dinastía, ya que se conserva en una estela que data de la época ptolemaica. Es posible que la historia sea en realidad del Egipto ptolemaico, pero fue forjada para que pareciera más antigua, para darle más peso e importancia.

---

[64] Lichtheim, *Literature* 3, 112-13.

[65] Allen, *Pyramid Texts*, pp. 55, 68.

Jonsu (Khonsu, Khons, Chons)

Jonsu, cuyo nombre significa "viajero", era el dios egipcio de la luna. Normalmente se le representa como una momia con la cabeza afeitada de un niño y con un cierre lateral trenzado, aunque a veces se le muestra como un hombre con cabeza de halcón que lleva un tocado en el que está colocado el disco lunar. Uno de los principales centros de culto de Jonsu era la ciudad de Tebas. En Tebas, así como en el resto del sur de Egipto, Jonsu formaba parte de la Tríada de Tebas, en la que el dios Amón era el padre de Jonsu y la diosa Mut era su madre. Dentro del gran templo de Amón en Karnak, Jonsu tiene su propio recinto. En la parte norte de Egipto, sin embargo, Jonsu estaba en una tríada con sus padres Ptah y Sejmet, mientras que en el Fayum, se decía que sus padres eran Hathor y Sobek.

Como buen lunar, Jonsu a veces se asociaba con Thoth, y por lo tanto se le veía como un dios de los calendarios y el control del tiempo. En el mito del nacimiento de los hijos de Nut, Jonsu pierde a los dados con Thoth, y como resultado, tiene que perder un quinto de su luz. Thoth usa esa luz para hacer los cinco días intercalados que fueron añadidos al calendario lunar de 360 días para mantenerlo alineado con las estaciones.

La egiptóloga Geraldine Price señala que las primeras menciones de Jonsu lo pintan como un dios que hay que temer, porque "estrangulaba a las deidades menores y se comía los corazones de los muertos".[66] También se le temía por su papel de Guardián de los Libros de Fin de Año, una lista de todas las personas que estaban destinadas a morir durante ese año.[67] Cuando Jonsu jugaba ese papel, se pensaba que tomaba la forma de un babuino, otro aspecto que comparte con Thoth.

A veces la ferocidad de Jonsu era llamada para expulsar demonios y curar a los enfermos. Vemos esto en uno de los principales mitos sobre Jonsu, que se conserva en una inscripción del siglo IV a. C. que detalla cómo curó a una princesa de una posesión demoníaca. En la historia, una princesa de un país llamado Bekhten se pone muy enferma porque un demonio se ha apoderado de ella. Se le pide ayuda al faraón Ramsés II, que está casado con la hermana de la princesa, así que envía a sus sabios a Bekhten para ver qué se puede hacer. El más erudito y hábil de todos estos sabios hace todo lo posible por curar a la joven, pero pronto descubre que no tiene ningún poder sobre el demonio. Los sabios regresan a casa, tristes de no haber podido ayudar.

Cuando Ramsés se entera de lo que ha pasado, va al templo de Jonsu a pedir ayuda. Los sacerdotes del templo sugieren llevar una estatua del dios a Bekhten para que el dios pueda luchar contra el demonio. Jonsu accede a ir, así que Ramsés lo envía a Bekhten con un gran séquito, y el dios es llevado inmediatamente ante la afligida princesa. Jonsu tiene una conversación con el demonio, que exige que el pueblo de Bekhten celebre un festival en su honor si quieren que se vaya. Jonsu decide que es una petición razonable y acepta los términos del demonio. El rey de Bekhten también está de acuerdo, y así el demonio se va, después de lo cual el rey celebra la fiesta como prometió. Una vez que el festival se completa, la princesa está bien de nuevo, por lo que el rey ordena otro festival, esta vez para celebrar el

---

[66] Pinch, *Handbook*, 155.

[67] Pinch, *Handbook*, 155.

regreso de la princesa a la salud y para dar gracias a Jonsu por su ayuda.

Después del festival de acción de gracias, los sacerdotes egipcios piden permiso para salir, pero el rey no quiere que se vayan porque teme que el demonio vuelva una vez que Jonsu se vaya. Los sacerdotes entonces hacen un santuario para Jonsu en Bekhten, donde se le honra mucho. Los sacerdotes y Jonsu pasan tres años en Bekhten, al final de los cuales el dios se le aparece al rey en un sueño y le dice que quiere volver a casa. El rey se entristece por esto, pero entiende lo que debe hacer. Les da a los sacerdotes muchos regalos para ellos y otros tesoros para que los pongan en el templo de Jonsu en Egipto. Los sacerdotes se llevan al dios a casa, y todos viven en paz a partir de entonces.

Maat (Ma'at, Ma'et, Mayet)

La diosa Maat era la personificación de la justicia, la ley, el orden cósmico y el derecho a la vida, y como tal era una de las deidades más importantes del panteón egipcio. A menudo se la representa como una bella mujer que lleva un vestido y una diadema en la que se ha colocado una pluma de avestruz. Sin embargo, Maat no solo era una diosa, sino que como concepto moral, religioso y legal, *maat* jugaba un papel vital en la realeza egipcia y en la vida diaria de todos los egipcios. La egiptóloga Geraldine Pinch señala que "el principal deber de un rey egipcio era ser el campeón de *maat*. En la vida después de la muerte, los muertos eran juzgados por si habían hecho y hablado *maat*".[68] Este juicio se llevaba a cabo pesando el corazón del difunto contra la pluma de avestruz de la diosa Maat. Un corazón justo tendría el mismo peso que la pluma, o incluso más ligero, mientras que un corazón malvado sería más pesado. A la persona con un corazón justo se le permitiría ir al paraíso, mientras que los que tenían corazones malvados eran consumidos por Ammit.

Maat solía ser vista como la esposa de Thoth y la hija de Ra, y se decía que viajaba con Ra en su barcaza solar. La autora Veronica Ions señala que Maat, cuando era parte de la tripulación de la barcaza de

---

[68] Pinch, *Handbook*, 159.

Ra, representaba "la luz que Ra trajo al mundo... creó el mundo poniéndola en el lugar del caos"[69].

Pero Maat era más que una criatura de Ra: también era la base del propio poder de Ra. Las representaciones visuales de esto a veces muestran a Ra sentado en un pequeño zócalo, que representa a Maat. Maat es la base sobre la que Ra se sienta, y por lo tanto, representa la base del orden cósmico. La representación de Maat como un zócalo que sostiene a un dios no se limita a Ra. Osiris y Ptah también se muestran frecuentemente de pie en esta plataforma, lo que refuerza visualmente su propia autoridad y dedicación a la justicia y el orden.

---

[69] Veronica Ions, *Egyptian Mythology* (New York: Peter Bedrick Books, 1990), 113.

Nefertum (Nefertem)

La palabra "nefer" significa "bello" en el antiguo egipcio, y el dios Nefertum se asociaba particularmente con la belleza de la flor de loto. Debido al dulce aroma del loto, Nefertum también era el dios de los perfumes. En la Tríada Menfita, Nefertum era el hijo de Ptah y Sejmet. Nefertum es a menudo representado como un joven hermoso, a veces con la cabeza de un león, con un tocado de flor de loto. Debido a esta asociación con el loto, Nefertum también estaba conectado en la imaginación religiosa egipcia a aspectos de la creación del universo y al dios creador Ra.

Una antigua historia de la creación egipcia dice que, al principio, solo había un loto flotando en las aguas de Nun. Cuando el loto se abrió, el dios del sol Ra nació de su interior. La egiptóloga Geraldine Pinch afirma que la conexión entre el sol y la flor de loto en este mito de la creación probablemente proviene de observaciones del comportamiento del loto. Solo se abre durante el día, y es polinizada por escarabajos, un insecto que se consideraba una forma de Khepera, el dios del sol naciente.[70]

---

[70] Pinch, *Handbook*, 158.

Neit (Neith)

La diosa Neit tenía su principal centro de culto en la ciudad de Sais en el Delta del Nilo. Su nombre parece significar "la aterradora", y su símbolo principal parece representar dos flechas cruzadas sobre un escudo. Estos atributos sugieren que originalmente era una deidad guerrera. A veces Neit es representada como una mujer que lleva un vestido, con el símbolo en forma de cartucho que se menciona en su cabeza, mientras que en otras ocasiones se la muestra con la corona roja del Bajo Egipto. Era una diosa del tejido, de las madres y de la sabiduría, y también se la consideraba una deidad creadora.

En su papel de creadora, Neit tenía un género no binario. Geraldine Pinch afirma que a Neit se la conocía como "Madre y Padre de todas las cosas", una deidad que "creó el mundo pronunciando siete palabras mágicas".[71] Esta versión del mito de la creación se conserva en el Templo de Khnum en Esna. En este mito, Neit emerge de las aguas primitivas, crea el montículo primitivo, y luego habla de la creación en la existencia.[72]

---

[71] Pinch, *Handbook*, 170.

[72] Barbara Watterson, *The Gods of Ancient Egypt* (New York: Facts on File, Inc., 1984), 176.

Neit era la madre del dios cocodrilo Sobek y era considerada una de las grandes diosas madres de Egipto. Era respetada por su sabiduría, y en el mito "La batalla de Horus y Set", los dioses le piden que resuelva la disputa sobre quién debe ser el rey de Egipto. Su respuesta en apoyo de Horus es cortés y simple, como es la costumbre de las mujeres mayores que están hartas de las disputas de los niños.

Neftis (Nebt-het)

Neftis era la hija del dios de la tierra Geb y de la diosa del cielo Nut. A pesar de que era la hermana de Isis, Osiris y Set, Neftis a menudo toma un papel secundario en la mayoría de los mitos. Sin embargo, su papel sigue siendo muy importante; es con la ayuda de Neftis que Isis puede volver a montar las piezas de su desmembrado marido y traerlo de vuelta a la vida. Por esta razón, Neftis fue asociada con la muerte y los funerales, y a menudo es representada de pie junto al féretro con Isis. Además, como diosa del tejido, Neftis fue específicamente asociada con el tejido de envoltorios de lino para momias.

Neftis estaba nominalmente casada con su hermano Set, al igual que Isis fue emparejada con Osiris. El matrimonio de Neftis no parece haber sido feliz; en un momento dado seduce a Osiris, y de esa unión nace Anubis. Neftis es más comúnmente representada como pasando tiempo con Isis en lugar de estar en ambos mitos y varias ilustraciones antiguas de escenas míticas.

Junto con Isis, Neftis tenía la función de una doliente en un funeral. Esto se muestra en los textos funerarios mencionados anteriormente, pero especialmente en un texto superviviente conocido como "Las lamentaciones de Isis y Neftis", en el que las dos diosas lloran por el asesinado Osiris. Este texto se realizó durante los ritos conmemorativos de la muerte de Osiris, y finalmente se incluyó como parte del *Libro de los Muertos.*

Nun (Noun, Nu)

Para los antiguos egipcios, Nun era simultáneamente un lugar, una sustancia, un concepto y una deidad. Nun era las aguas primordiales de las que surgió toda la creación, tanto como la sustancia de las aguas mismas y como el lugar donde esas aguas residían. Nun fue el lugar en el que el universo comenzó y un lugar que continuó existiendo incluso después de que el mundo fuera hecho. El dios creador Atum nació en medio de Nun, y es en Nun donde dio a luz a sus hijos Shu y Tefnut, el aire y la luz del mundo. Como concepto, Nun representaba la insustancialidad y la ausencia de forma, mientras que como deidad, Nun era la personificación con cabeza de rana tanto de las aguas primordiales como de la ausencia de forma, existiendo junto a su consorte con cabeza de serpiente Naunet como parte del Ogdóada Hermopolita, la colección de ocho deidades que surgieron de la nada para emprender los primeros actos de la creación.

Nun no era solo un dios del pasado, ni dejó de tener importancia cosmológica una vez que el mundo fue creado. Incluso después de que el universo cobrara vida, Nun jugó un papel importante en la comprensión egipcia de cómo funcionaba el mundo. Nun fluía a través del inframundo, y Nun fue el origen de las aguas del Nilo. Varias deidades y demonios habitaban en Nun, de donde podían surgir para ayudar o dificultar a los humanos. Por ejemplo, la gran serpiente Apep (Apofis) vivía en Nun y tenía que ser vencida todas las noches para que no devorara el sol mientras transitaba de oeste a este por las aguas del inframundo, y cuando el barco de Ra hacía ese tránsito con seguridad, algunos mitos afirmaban que eran las aguas de Nun las que levantaban el sol por la mañana.

Además del omnipresente Nilo, otras aguas se utilizaron como representaciones físicas de Nun en la antigua arquitectura y práctica religiosa egipcia. Por ejemplo, debido a que la diosa buitre Nejbet también habitaba en Nun, su templo en Elkab tenía un lago sagrado que representaba las aguas primordiales.

Las aguas que representaban a Nun eran una parte importante de la rutina diaria del faraón. Cada mañana, cuando el faraón se levantaba, se realizaba una ceremonia llamada "Rito de la Casa de la Mañana", en la que el faraón se bañaba y se vestía para el día. El agua utilizada para el baño se tomaba de una fuente sagrada y representaba a Nun. Se pensaba que bañarse en las aguas de Nun representaba el renacimiento del faraón, un eco del viaje de Ra a través de Nun en el inframundo para renacer cada mañana como el sol naciente. De esta manera, el cuerpo del faraón se alineaba con el de Ra y se le hacía participar en las actividades del propio dios.

El Ogdóada de Hermópolis

El Ogdóada era un conjunto de ocho dioses primitivos adorados en Khemenu en el centro de Egipto. Khemenu significa literalmente "Ocho Ciudad", una referencia al Ogdóada, pero hoy estamos más familiarizados con su nombre griego: Hermópolis ("Ciudad de Hermes"). El Ogdóada estaba compuesto por cuatro pares de deidades, cada par consistía en un dios y su consorte. Los dioses eran usualmente representados como hombres con cabezas de rana, mientras que las diosas eran mostradas como mujeres con cabezas de serpiente. Cada pareja divina representaba un concepto cósmico diferente, como se describe en la siguiente tabla:

Deidad	Concepto
Amón y Amonet	Ocultación
Heh y Hauhet	Eternidad
Kek y Kekhet	Oscuridad
Nun y Naunet	Aguas primitivas

Según la historia de la creación Hermopolita, estas ocho deidades crearon el mundo a partir de un montículo primitivo que se encontraba en las aguas de Nun. Estas aguas primordiales estaban representadas por un lago sagrado en el templo principal de Hermópolis, y se decía que una pequeña isla en medio del lago era el propio montículo primitivo. El mito continúa diciendo que una vez que los Ogdóada crearon el mundo, lo gobernaron durante un tiempo, luego murieron y se fueron al inframundo, donde continuaron haciendo fluir el Nilo y haciendo salir el sol.

Aunque los Ogdóada eran importantes deidades creadoras en Hermópolis, el mito de la creación de Hermópolis tenía de hecho otras cuatro variantes:

> 1. Un ganso celestial llamado el "Gran Cackler" pone un huevo en el montículo primitivo; el huevo contiene al dios Ra, que luego pasa a crear el mundo.
> 2. Similar a la primera versión, pero el pájaro que pone el huevo cósmico es un ibis, que representa al dios Thoth (identificado con Hermes por los griegos, que es el origen del nombre "Hermópolis").
> 3. Una flor de loto surge de las aguas primitivas, y cuando se abre, Ra nace de su interior.
> 4. Similar a la tercera versión, pero es un escarabajo dentro del loto, y cuando el escarabajo llora, se crean los humanos.

De las deidades en el Ogdóada, Amón y Nun pasaron a tener lugares importantes en la mitología y la religión de Egipto en su conjunto, mientras que las otras fueron adoradas principalmente en Hermópolis.

Osiris

Osiris, el dios muerto y resucitado, era una de las deidades más importantes del panteón egipcio. Hijo mayor de la diosa del cielo Nut y del dios de la tierra Geb, a Osiris se le atribuyó el haber llevado la civilización a los seres humanos, enseñándoles la agricultura y la ley, y dándoles grano para que cultivaran y comieran. Osiris era a la vez el hermano y el marido de la diosa Isis, que le ayudó en su trabajo durante su vida. Tras su desmembramiento por su celoso hermano Set y su posterior resurrección por Isis, Osiris descendió al Duat, o inframundo, donde se convirtió en el dios de los muertos y en el juez de las almas.

El nombre de Osiris en egipcio es *Usir*, que significa "poderoso" ("Osiris" es una versión latina del nombre.) Osiris estaba estrechamente asociado con el ciclo agrícola, y especialmente con las subidas y bajadas del Nilo, de las que dependía toda la agricultura egipcia. En su apariencia de dios de los muertos, Osiris suele ser representado con piel verde y envuelto en las bandas de una momia, llevando la corona *atef* blanca y emplumada y sosteniendo el cetro y el mayal que eran los símbolos de la realeza egipcia. El verdor de su piel no está conectado con la muerte, sino que es una referencia a su poder de dar vida a través de su control de las inundaciones del Nilo.

Otras representaciones de Osiris lo muestran como un ser humano normal, vestido como un faraón egipcio.

El mito principal de Osiris afirma que cuando Osiris gobernó sobre Egipto hace mucho, mucho tiempo, su hermano Set se puso celoso de su poder y se las arregló para matarlo sellándolo dentro de un ataúd especialmente fabricado y arrojándolo al Nilo. El ataúd llega a las costas de la ciudad de Biblos, donde se aloja en las raíces de un tamarisco en crecimiento. Cuando el tamarisco ha crecido, el rey de Biblos lo corta para usarlo como un pilar en su palacio, sin tener en cuenta al dios que se esconde en su interior. La hermana-esposa de Osiris, Isis, se va de viaje en busca de su marido. Se las arregla para localizar el árbol de tamarisco y liberar el cuerpo de Osiris de él. Con la ayuda de otros dioses, resucita a Osiris, pero esta segunda vida no dura mucho. Set encuentra a Osiris y lo mata de nuevo, esta vez cortando su cuerpo en catorce pedazos que esparce por toda la tierra. Isis va en busca de los pedazos del cuerpo de su marido, y encuentra todo menos el pene, que fue arrojado al Nilo y devorado por un pez. Isis recompone a Osiris momificando su cuerpo, pero esta vez no puede quedarse en la tierra de los vivos, sino que baja al Duat, donde reina como rey.

Los orígenes del culto a Osiris son antiguos y complejos. A menudo se asume que tiene sus orígenes en la antigua ciudad de Djedu en el Delta del Nilo, donde puede haberse mezclado con un dios local de la fertilidad llamado Andjeti.[73] Originalmente, Osiris era un dios relativamente menor, considerado secundario al dios del sol, Ra, pero con el paso del tiempo, Osiris eclipsó gradualmente a Ra en algunos aspectos y se convirtió en una de las deidades primarias del panteón egipcio. Este cambio no se produjo de la noche a la mañana; aunque es posible que Osiris fuera adorado en las dinastías anteriores del Antiguo Reino, no es hasta los textos de la pirámide de la Quinta Dinastía que vemos que se le trata como el señor de los muertos y facilitador de la resurrección del rey. También es durante la Quinta

---

[73] Ions, *Egyptian Mythology*, 126.

Dinastía que vemos la nueva importancia de Osiris dentro de la religión egipcia.

La egiptóloga Rosalie David señala que a medida que el culto a Osiris creció en popularidad, hubo un cambio en la comprensión egipcia de la vida después de la muerte. Según David, al principio el paraíso solo era accesible para los faraones, pero durante el Reino Medio, este club exclusivo se abrió a otros nobles egipcios.[74] La democratización del más allá continuó hasta que finalmente se pensó que personas de todas las clases sociales podían entrar en el paraíso si habían vivido una buena vida.

El culto a Osiris, una vez establecido, se centraba principalmente en la ciudad meridional de Abidos, cerca de la actual ciudad de El Bayana, con un santuario menos importante en la ciudad de Busiris (actual Abu Sir Bana) en el Delta del Nilo central. Tradicionalmente se pensaba que Abidos era el lugar donde la cabeza de Osiris aterrizó después de su desmembramiento por Set, y Busiris el lugar al que Set arrojó la columna vertebral de Osiris. Situada a lo largo del Nilo en el Alto Egipto, Abidos tenía varios complejos de templos y también una necrópolis real, que se utilizaba para los entierros de los primeros faraones. El entierro en un lugar sagrado para Osiris probablemente reflejaba el deseo de que la persona enterrada resucitara como lo había hecho el dios.

Según el egiptólogo E. A. Wallace Budge, el templo de Abidos fue construido durante la Duodécima Dinastía por orden del faraón Sesostris III.[75] Budge señala que una descripción de este templo sobrevive en el texto de una estela hecha por Ikhernefert, el oficial encargado de su construcción. Además de la construcción del templo, que según la estela estaba hecha "de maderas de olor dulce, con

---

[74] A. Rosalie David, *The Ancient Egyptians: Religious Beliefs and Practices* (London: Routledge & Kegan Paul, 1982), 73.

[75] E. A. Wallace Budge, *Osiris and the Egyptian Resurrection*, vol. 2 (London: P. L. Warner, [1911]), 4.

incrustaciones de oro, plata y lapislázuli", Ikhernefert hizo que se hiciera una nueva estatua del dios y una nueva barca de neshmet. La barca de neshmet era tanto la barca sagrada en la que Osiris navegaba en su viaje por el inframundo, como se describe en el *Libro de los Muertos*, como un objeto físico en el mundo de los vivos, que formaba parte de las procesiones sagradas en honor al dios.[76]

Un esquema básico de algunos de los ritos de Osiris también sobrevive en la estela de Ikhernefert. Ikhernefert dice que la estatua del dios fue ricamente vestida y colocada dentro de su barca de neshmet, que luego fue llevada en una larga procesión que incluía varias etapas que ocurrieron de la siguiente manera:[77]

    1. Una procesión en la que participaba el dios funerario de cabeza de chacal Upuaut (que no debe confundirse con Anubis), que funcionó durante este festival como sustituto o avatar del hijo de Osiris, Horus

    2. Un simulacro de ataque al barco de Osiris cuando sale de su santuario en Abidos, en el que los atacantes son repelidos

    3. La procesión de la barca neshmet se mueve hacia el este desde Abidos hasta Peqer (ahora Umm Al Qa'ab), donde se encuentra la necrópolis real, que representa la muerte de Osiris.

    4. Otro simulacro de batalla en la orilla del río, en el que los seguidores de Osiris son victoriosos (aunque el antiguo historiador Heródoto afirma que a veces estos

---

[76] Budge, *Egyptian Resurrection*, 2, 4; véase tambien Martyn Smith, *Religion, Culture, and Sacred Space* (New York: Palgrave MacMillan, 2008), 53-4.

[77] Smith, *Religion, Culture, and Sacred Space*, 54-55.

simulacros de batallas descendieron a la violencia real)⁷⁸

5. Una procesión para devolver la barca de neshmet a Abidos

6. Varios ritos de purificación dentro del templo del dios para cerrar el festival

La estela de Ikhernefert también conserva algunos indicios intrigantes sobre otras actividades de Ikhernefert con respecto al establecimiento del nuevo templo de Osiris. Al parecer, Ikhernefert había sido encargado de reformar el culto de Osiris además de su trabajo de construcción, ya que afirma haber instruido "a los sacerdotes de la hora del templo para que cumplieran con sus deberes y conocieran los rituales propios de cada día y las fiestas del comienzo de las estaciones".⁷⁹

Además de presidir el Duat y juzgar las almas de los muertos, Osiris estaba inextricablemente ligado a la fertilidad. En el antiguo Egipto, esto significaba estar vinculado con el ciclo anual de inundaciones del Nilo, que continuó en el siglo XX hasta que la construcción de presas y un sistema de canales a lo largo del río pusieron fin a las inundaciones. Antes de los tiempos modernos, el ciclo anual de inundaciones del Nilo comenzaba a mediados de agosto, cuando los monzones que comenzaban el mes de mayo anterior en las tierras altas de Etiopía arrojaban una enorme cantidad de agua al Nilo y a otros ríos de la zona. La crecida del río se elevaba hasta finales de agosto y alcanzaba su punto máximo en septiembre, tras lo cual comenzaba a retroceder, dejando una capa de sedimento enormemente fértil. El retroceso de la inundación alcanzaba su punto más bajo en abril, y en el siguiente agosto, el ciclo comenzaría de nuevo.

---

[78] Herodotus II:63; Cary, trans., 119.

[79] Traducción en Smith, *Religion, Culture, and Sacred Space*, 53.

Para los antiguos egipcios, las inundaciones anuales formaban parte integral no solo del calendario agrícola sino también del religioso, que conectaba el diluvio mismo y la fecundidad que promovía a la persona y los mitos sobre Osiris. En su papel de dios de la fertilidad, Osiris estaba vinculado al ciclo de vida de los cultivos de cereales, cuyo éxito estaba ligado al ciclo de las inundaciones. Los antiguos egipcios creían que así como Osiris moría y volvía a la vida dos veces, también la semilla "moría" cuando se sembraba solo para volver a levantarse y ser cortada de nuevo en el momento de la cosecha, cuando volvería a "morir" al ser transformada en productos alimenticios como el pan y la cerveza.[80] Los adoradores incluso hacían pequeñas efigies de los Osiris momificados, rellenos de semillas, que luego plantaban y cuidaban. Sin embargo, no solo el grano que crecía de la recompensa fangosa del Nilo estaba alineado con Osiris, sino que como afirma Verónica Iones, las aguas de la inundación también se consideraban "el sudor de las manos de Osiris y las lágrimas que Isis derramaba en el río".[81]

El mito de la muerte y posterior resurrección de Osiris ha llevado a algunos eruditos a intentar mostrar una línea de descendencia directa entre la antigua religión egipcia y el cristianismo, este último centrado en la muerte y resurrección de Jesús de Nazaret. Sin embargo, la opinión de los estudiosos está dividida en cuanto a si este linaje existe. Las historias de la muerte y la resurrección ciertamente parecen correr en paralelo, al menos hasta cierto punto. Un segundo paralelismo podría ser que Osiris se consideraba de alguna manera encarnado en el grano consumido por sus seguidores, mientras que según algunas sectas cristianas, se dice que la esencia de Jesús está contenida en el pan eucarístico debido a las palabras de la institución - "este es mi cuerpo" - expresadas en la Última Cena.[82] Y Jesús es visto

---

[80] Henri Frankfort, *Ancient Egyptian Religion: An Interpretation* (New York: Harper & Row, 1948), 28.

[81] Ions, *Egyptian Mythology*, 108.

[82] Mark 14:22-25; Luke 22:18-20.

como un guía y salvador que puede restaurar las almas de los muertos a una vida eterna que está abierta a todas las personas, sin importar la estación, un papel que comparte con Osiris.

Si existe una conexión orgánica real entre el culto a Osiris y el establecimiento del cristianismo sigue siendo una cuestión abierta, pero no lo es la adaptación y transformación del culto a Osiris en el contexto de la religión egipcia durante el período ptolemaico en Egipto. Osiris se combinó con el toro de Apis de Ptolomeo I en una nueva deidad conocida como Serapis, y el culto a Osiris como dios por derecho propio se fue desvaneciendo gradualmente, aunque los ritos se seguían realizando en el complejo del templo de File hasta mediados del siglo V de la era cristiana, cuando se prohibieron las prácticas paganas en favor del cristianismo.

Al igual que en el Egipto helenizado, Osiris recibió menos atención que Isis y Thoth por parte de los ocultistas y paganos modernos, aunque el interés de los estudiosos por Osiris como dios de la muerte y la resurrección se renovó a finales del siglo XIX, cuando Sir James George Frazer publicó *The Golden Bough*, un estudio comparativo de las religiones del mundo.[83] En ese estudio, Frazer conectó a Osiris con otros dioses como Tamuz/Dumuzi, un antiguo dios mesopotámico, y Attis, una deidad frigia. Sin embargo, los eruditos han disputado desde entonces muchas de las afirmaciones de Frazer, afirmando que no están respaldadas por las pruebas.[84]

---

[83] James George Frazer, *The Golden Bough: A Study in Magic and Religion*, third ed. Part IV, Vol. 11, *Adonis Attis Osiris* (London: The MacMillan Press, Ltd., 1914).

[84] Véase, por ejemplo, Paul Rhodes Eddy and Gregory A. Boyd, *The Jesus Legend: A Case for the Historical Reliability of the Synoptic Jesus Tradition* (Grand Rapids: Baker Academic, 2007), 143.

Ptah

El dios supremo de la ciudad de Memphis era Ptah. En la cosmogonía menfita, Ptah es el dios creador del que brotan todos los demás dioses al principio de la creación. Primero, Ptah (que también se identifica con Nun, las aguas primitivas) crea Atum, y luego Atum pasa a crear la Enéada, una colección de nueve dioses adorados principalmente en Heliópolis. Ptah también crea el mundo y pone en orden la tierra de Egipto. Algunos eruditos piensan que la elevación de Ptah a creador supremo podría haber sido un intento por parte de sus sacerdotes en Menfis de crear una jerarquía en la que los principales dioses de Heliópolis se subordinen a los de Menfis.[85]

Ptah suele ser representado como un hombre con un sombrero apretado y una barba recta. Sostiene el cetro *uas*, que era el símbolo del poder y la autoridad en Egipto. Este cetro tiene dos pequeños cuernos en su pie y un gancho con una especie de cuerno en la parte superior. Algunas imágenes de Ptah muestran su cuerpo envuelto en las vendas de lino de una momia, con piel verde en su cara y manos. La consorte de Ptah es la diosa con cabeza de león Sejmet, y su hijo es Nefertum, de quien se dice que se originó como una flor de loto y que se asoció con la fragancia y los perfumes.

---

[85] Hart, *Dictionary*, 129.

Ptah era el patrón de los artesanos en el antiguo Egipto. El egiptólogo George Hart informa que las imágenes de los artesanos rezando a Ptah sobreviven en las estelas de lo que hoy es Deir el-Medina. Estas estelas fueron hechas por los trabajadores que hacían trabajos de escultura para tumbas en el Valle de los Reyes.[86] Esta conexión entre Ptah y la artesanía quizás alcanzó su punto culminante en la persona de Imhotep, que sirvió durante la Tercera Dinastía como maestro escultor del faraón Zoser, y que puede haber sido el arquitecto de la pirámide escalonada de Zoser. La reputación de Imhotep por su sabiduría e integridad lo llevó a ser deificado, en cuyo momento se le llamó a menudo "hijo de Ptah". (Véase el capítulo sobre Imhotep más arriba).

---

[86] Hart, *Dictionary*, 130-31.

Ra (Re, Pre)

Ra era el dios egipcio del sol, un creador todopoderoso que cabalgaba en la Barca de Millones de Años a través del cielo cada día para traer luz y vida a la tierra. Por la noche, la barca descendía al inframundo, donde Ra y su tripulación tenían que enfrentarse a varios peligros para llegar al otro lado para que el sol pudiera salir de nuevo por la mañana. El principal enemigo de Ra era la gran serpiente Apep (Apofis), que tenía que ser asesinada cada noche. El principal centro de culto de Ra estaba en la ciudad de Heliópolis, y finalmente se identificó con el dios creador Atum. El egiptólogo Leonard Lesko observa que el culto de Ra era tan influyente y poderoso que finalmente se apropió de las cosmologías Heliopolitana y Hermopolita, integrándolas en la mitología sobre los orígenes, poderes y el papel de Ra dentro del panteón.[87]

Un ejemplo de esta asociación con la cosmología Heliopolitana viene del *Libro de los Muertos*. En ese texto, Atum, el dios primario de la Enéada Heliopolitana, es la manifestación del creador al principio de la creación, justo después de su surgimiento de las aguas

---

[87] Leonard H. Lesko, "Ancient Egyptian Cosmogonies and Cosmology", in *Religion in Ancient Egypt: Gods, Myths, and Personal Practice*, ed. by Byron E. Shafer (Ithaca: Cornell University Press, 1991), 115.

primordiales, mientras que Ra es su manifestación en la persona del dios sol y como el propio sol.[88] En los mitos de la creación, por lo tanto, Atum y Ra se convierten en versiones intercambiables de la misma deidad.

Ra también tenía múltiples formas en su manifestación como el sol. Ra-Horajty representaba al sol al mediodía, mientras que Ra-Atum era el sol poniente y Khepera el sol naciente por la mañana. Cada una de estas formas tenía sus propias representaciones visuales. Khepera era el escarabajo, que empujaba el sol por encima del horizonte de la misma manera que estos escarabajos empujan bolas de estiércol. Ra-Horajty fue representado como un hombre con cabeza de halcón, y Ra-Atum fue representado como un hombre humano que llevaba la doble corona de Egipto. Además, a veces se decía que Ra se convertía en Osiris por la noche, cuando viajaba por el inframundo.

Aunque cada una de estas representaciones muestra una figura masculina, la manifestación del poder de Ra, el Ojo de Ra, fue concebido como femenino. El Ojo era a la vez parte de Ra y separado de él. Podía separarlo y enviarlo a cumplir sus órdenes, y cuando lo hacía, era en forma de diosa, como Hathor o Sejmet. Vemos esto en el mito en el que Ra decide destruir a toda la humanidad porque llevan vidas malvadas y no adoran a los dioses adecuadamente. Para lograrlo, Ra envía su Ojo en forma de Hathor (que también es Sejmet) para matar a toda la gente y arrasar sus tierras. Debido a que el Ojo estaba separado de Ra, no siempre ejercía un control total sobre él. En el mito de la "Diosa Distante", el Ojo de Ra (de nuevo en forma de diosa como Hathor) huye al desierto y tiene que ser traído de vuelta y reunido con Ra.

La encarnación viva del *ba*, o espíritu, de Ra era el toro de Mnevis, un toro sagrado que estaba en el templo de Ra en Heliópolis. Este animal era normalmente todo negro, y tenía dos vacas que le servían

---

[88] Lesko, "Cosmogonies and Cosmology", 113.

de esposas. Se decía que las vacas representaban a las diosas Hathor, que a menudo funcionaba como el Ojo de Ra, e Iusas, una diosa de la que se decía que era la mano de Atum que trabajaba para producir la semilla de la que toda la creación estaba hecha. Cuando el toro de Mnevis murió, fue momificado y enterrado con gran ceremonia. La egiptóloga Barbara Watterson señala que el toro de Mnevis siguió siendo un aspecto popular e importante del culto a Ra hasta bien entrado el período ptolemaico.[89]

En algunos mitos, Ra es representado como débil y viejo, o como vacilante, malhumorado y sin ganas de decir en voz alta lo que realmente cree. En la historia de cómo Isis aprendió el verdadero nombre de Ra, se describe a Ra como un anciano incontinente que ha perdido todos sus dientes, e Isis lo tortura con mordeduras de serpientes venenosas hasta que él cede y le dice su nombre. En "La batalla de Horus y Set", Ra-Horajty es el rey de los dioses, pero cuando el asunto en cuestión no se resuelve rápidamente o a su gusto, se va a su tienda para enfurruñarse. Además, Ra-Horajty apoya el reclamo de Set al trono, pero no se presenta para ordenar que se le dé la corona a Set; de hecho, se le describe como el que secretamente apoya a Set sobre Horus. En este cuento, Ra-Horajty carece del valor de sus convicciones, y propone varias maniobras para que otros tomen la decisión por él.

Ra a menudo se sincretizaba con otras deidades. Amón-Ra fue una sincretización especialmente importante en el Nuevo Reino. Otras sincretizaciones incluían a Sobek-Ra y Khnum-Ra.

---

[89] Watterson, *Gods of Ancient Egypt*, 68.

Serapis (Sarapis, Userhapi)

A diferencia de los otros dioses del panteón egipcio, Serapis no era un producto de la imaginación religiosa nativa egipcia. Serapis no surgió de la comprensión del mundo o de sus orígenes por parte de los egipcios nativos, ni se alió con las ideas egipcias nativas sobre las estructuras sociales y políticas. En su lugar, Serapis fue una deidad construida a propósito por Ptolomeo I, el sucesor griego de Alejandro Magno, que deseaba encontrar alguna forma de fusionar la expresión religiosa griega y egipcia y así dar legitimidad al gobierno de Egipto por sus conquistadores griegos.

Serapis fue en parte una sincretización del dios Osiris y el toro de Apis. El toro de Apis era adorado particularmente en Menfis, donde se decía que era el hijo de Hathor y el heraldo de Ptah, y donde era un símbolo del faraón gobernante. El culto al toro de Apis había sido una característica de la religión egipcia al menos desde la Primera Dinastía, y el culto a Osiris se hizo común durante la Quinta, por lo que ambos ya estaban bien arraigados en el panteón egipcio para cuando los ptolemaicos llegaron al poder.

Además de esta sincretización de las antiguas deidades egipcias, Ptolomeo añadió características griegas a Serapis para completar el atractivo del nuevo dios tanto para los griegos como para los egipcios. Por ejemplo, cuando se hicieron las imágenes de Serapis, se construyeron siguiendo las mismas líneas que otras representaciones griegas contemporáneas de figuras religiosas y políticas. Por lo tanto, Serapis es representado de manera realista como un hombre adulto musculoso con pelo largo y rizado y barba, a menudo con una cesta en la parte superior de la cabeza, y compartía ciertos rasgos con dioses griegos como Zeus, Dionisio y Hades.

Esta asociación con Hades, que en Roma era conocido como Plutón, está atestiguada en los escritos del antiguo historiador Plutarco, quien también afirma que Serapis fue llevado a Egipto por Ptolomeo I como resultado de un sueño.[90] En el sueño, la estatua de Plutón en Sinope le dice a Ptolomeo que lo tome de Sinope y lo lleve a Alejandría. La estatua supuestamente incluía una representación del perro de tres cabezas de Plutón, Cerbero. Plutarco continúa diciendo que cuando la estatua llegó a Alejandría, Ptolomeo declaró que era una representación de Serapis.

Para formar la tradicional tríada egipcia, se dijo que Serapis era el esposo de Isis y el padre de Horus. La forma de Horus utilizada era la de Harpócrates, la deidad infantil alada que era el dios de los secretos y que ya había encontrado el favor de los adoradores griegos. Aunque los sacerdotes egipcios de Heliópolis intentaron integrar a Serapis en su pensamiento religioso postulando que Serapis fue creado cuando el alma del toro de Apis entró en la otra vida y se fusionó con Osiris, Serapis nunca encontró realmente mucho favor entre la población nativa egipcia, que prefería adorar a sus propios dioses tradicionales.[91]

Serapis era mucho más popular fuera de Egipto, especialmente en Roma. En Roma, Serapis era venerado junto con Isis, que tenía un templo que había sido construido por el emperador Calígula en el Campus Martius, una importante zona de la antigua Roma que

---

[90] C. W. King, trans. *Plutarch's Morals: Theosophical Essays* (London: George Bell & Sons, 1889), 22-23.

[91] Ions, *Egyptian Mythology*, 122.

albergaba baños públicos y el templo conocido como el Panteón, que todavía está intacto y puede ser visitado hoy en día.

El emperador romano Vespasiano, en particular, parece haber hecho uso del poder atribuido a Serapis para impulsar su propia popularidad y autoridad, sobre todo dentro de Egipto, que en ese momento formaba parte del Imperio romano. El antiguo historiador Tácito informa que mientras Vespasiano visitaba Alejandría, un ciego y un hombre con una mano incapacitada se acercaron a Vespasiano diciendo que Serapis los había enviado al emperador para que los curara.[92] Al principio Vespasiano se burló de esto, pero luego hizo lo que los dos hombres discapacitados pidieron, y fueron curados. Según Tácito, Vespasiano se propuso ir al Serapeum, o templo de Serapis, donde ordenó a todos los demás que se fueran para poder consultar al dios a solas. Allí Vespasiano tuvo una visión, que consideró que había sido enviada por el propio Serapis.

Serapis era lo suficientemente importante en la Roma imperial como para ser representado en monedas. Las monedas de los reinados de Vespasiano y de algunos emperadores posteriores muestran el rostro del emperador de perfil en una cara y una imagen de Serapis, a veces acompañado de Isis, en la otra.

---

[92] Cornelius Tacitus, *The Works of Tacitus: The Oxford Translation, Revised*, vol. 2: *The History, Germany, Agricola, and Dialogue on Orations* (New York: Harper & Brothers, Publishers, 1858).

Set (Seth, Sutekh)

Set es uno de los más antiguos dioses egipcios, habiendo sido venerado en el período predinástico. Set también es un personaje ambivalente, que representa tanto el bien como el mal. El que su papel sea bueno o malo depende en parte del período de tiempo y en parte de la actividad en la que Set está involucrado en ese momento. Fue el asesino de su hermano Osiris y un pretendiente al trono de Egipto, pero también cabalgó en la proa de la barcaza solar y mató a Apep, la serpiente gigante que amenazaba con devorar el sol cada noche.

Como dios del caos, el trueno y los desiertos, Set es representado como un hombre con la cabeza de un extraño animal que nunca ha sido identificado definitivamente. El animal Set es de color negro, con un hocico largo y estrecho y dos orejas rectas y rectangulares. Algunos estudiosos han dicho que el animal-Set es una criatura compuesta de partes de otros animales, mientras que otros han sugerido que podría representar un tipo de perro parecido al Saluki moderno.

En el mito egipcio, Set es representado como celoso y despiadado, dispuesto a asesinar, mutilar y violar para salirse con la suya. En el Nuevo Reino, Set también es representado como un hombre más fuerte que inteligente; vemos esto especialmente en la historia "La

Batalla de Horus y Set", donde es fácilmente engañado por Horus e Isis, quienes están tan dispuestos a engañar como Set.

Tal vez la historia más famosa en la que aparece Set es la de Isis y Osiris. En esta historia, que se resume en los capítulos anteriores sobre las dos últimas deidades, Set se las arregla para asesinar a Osiris no una sino dos veces para robarle el trono. En el segundo caso, Set desmiembra a Osiris, y como el pene de Osiris es consumido por un pez, Osiris nunca volverá a estar entero, a pesar de los heroicos esfuerzos de Isis, Anubis, Thoth y otras deidades que trabajan juntas para resucitarlo.

En la historia en la que Set se disputa el trono con Horus, resumida en el capítulo sobre Horus, Set no está dispuesto a aceptar el juicio de la corte de los dioses, y propone varios concursos entre él y Horus para ver quién debe tener el trono de Egipto. Ninguno de los dos concursos se decide a favor de uno u otro, porque Horus y su madre Isis intentan hacer trampas y así distorsionar los resultados. Por otro lado, a pesar de que puede ser asesino y bastante estúpido, trata de seguir las reglas cuando acepta estos desafíos.

Sin embargo, las reglas se van por la ventana cuando Set ve la oportunidad de desacreditar a Horus primero intentando violarlo y luego tratando de avergonzarlo diciendo públicamente que el sexo fue consentido. Este truco se revierte cuando Set termina eyaculando en las manos de Horus. Horus entonces pide la ayuda de su madre para mostrar que Set estaba mintiendo sobre lo que realmente pasó. Set también aprovecha la oportunidad de mutilar a Horus mientras éste duerme y por lo tanto está indefenso, pero Horus es finalmente devuelto a la salud por Hathor.

A principios de la historia egipcia, Set era venerado principalmente en el Alto Egipto, donde tenía un centro de culto en Kom Ombo. Más tarde, Set fue venerado en todo el país, y varios faraones le tenían una devoción particular. Sin embargo, con el tiempo, Set comenzó a ser visto más como una fuerza para el mal y cayó en desgracia. La egiptóloga Geraldine Pinch informa que a partir del

Nuevo Reino, la religión egipcia comenzó a concentrarse más en los crímenes de Set, de modo que los sacerdotes de Horus en Edfú "celebraron un día de castrar a Set y 'reducirlo a pedazos' en represalia por la mutilación de Set del cuerpo de Osiris y el Ojo de Horus".[93] El proceso de demonización de Set continuó desde el Nuevo Reino en adelante y, como afirma Pinch, alcanzó su punto álgido durante el período grecorromano, en el que "Set fue vilipendiado en la mayoría de los templos".[94]

---

[93] Pinch, *Handbook*, 193.

[94] Pinch, *Handbook*, 193.

Sobek (Suchos)

Sobek con cabeza de cocodrilo era un dios de las aguas y de la fertilidad y el hijo de la diosa madre Neit. Sobek era originalmente una deidad específica de la región de Fayum, que en la antigüedad era un oasis pantanoso, situado a unos sesenta kilómetros al sur de lo que hoy es El Cairo. Durante la Duodécima Dinastía, faraones como Amenemhat III trabajaron para aprovechar el agua de la región de Fayum creando un canal desde el Nilo hasta el lago Moeris, que parece haber sido utilizado como una especie de depósito que podía ser utilizado en tiempos de sequía. El principal asentamiento en Fayum en la antigüedad era Shedet, conocido en griego como Crocodilopolis.

Los cocodrilos son nativos del Nilo, y dado que los antiguos egipcios a menudo asociaban animales particulares con deidades particulares, no debe sorprender que un dios cocodrilo haya sido adorado en una región conocida por sus humedales. Los antiguos templos de Sobek incluso mantenían cocodrilos vivos como ejemplos del dios. Los sacerdotes cuidaban de los animales celosamente y los embalsamaban para darles un entierro adecuado cuando morían. Los exámenes de los cocodrilos adultos momificados han encontrado incluso conjuntos de bebés momificados en las bocas de los adultos, probablemente una representación de una forma en la que los cocodrilos vivos cuidan de sus crías. La egiptóloga Salima Ikram especula que "la inserción de los bebés de esta manera tenía la intención [sic] de enfatizar el aspecto positivo de la crianza y el cuidado de esta temible bestia".[95]

Además de su culto en el Fayum, Sobek tenía un gran templo en Kom Ombo, que se encuentra a mitad de camino entre Edfú y Asuán. En Kom Ombo, Sobek era venerado junto con Horus. A Horus se le dio un lado del templo, mientras que Sobek tenía el otro, y a cada dios se le dio un avatar de Hathor como su consorte. El hijo de Horus era el dios Pantebtawy, "Señor de las Dos Tierras", mientras que a Sobek se le dio el dios de la luna, Jonsu, para que fuera su hijo.[96] Sin embargo, la egiptóloga Barbara Watterson señala que esta combinación viene con cierta disonancia, ya que el enemigo tradicional de Horus, el dios malvado Set, a menudo tomaba la forma de un cocodrilo.[97] Watterson postula que el culto a Sobek en Kom Ombo estaba destinado a ser un sustituto del culto a Set, cuyo culto había sido prohibido.[98]

---

[95] Salima Ikram, "Protecting Pets and Cleaning Crocodiles: The Animal Mummy Project", in *Divine Creatures: Animal Mummies in Ancient Egypt*, editado por Salima Ikram (Cairo: The American University of Cairo Press, 2005), 219.

[96] Watterson, *Gods of Ancient Egypt*, 121.

[97] Watterson, *Gods of Ancient Egypt*, 121.

[98] Watterson, *Gods of Ancient Egypt*, 122.

Thoth

En la mitología egipcia, Thoth ocupaba una posición de gran importancia como creador de la escritura y la ley, y como el dios que supervisaba el calendario y ordenaba los tiempos y las estaciones. Hoy en día, mucha gente está familiarizada con la representación de Thoth como un hombre con la cabeza de un ibis, pero en el antiguo Egipto también fue representado en forma de babuino, a veces con un disco lunar sobre su cabeza y a veces sin él. Al igual que otras deidades egipcias, Thoth fue adoptado por devotos de fuera de Egipto, llegando a sincretizarse con el dios mensajero griego Hermes. La asociación de Thoth con la magia y el conocimiento también atrajo el interés de alquimistas, magos y ocultistas tanto en el Renacimiento como en tiempos más modernos.

No hay un solo mito que describa los orígenes de Thoth. Dependiendo de la fuente, se dice que surgió por su propio poder o que el dios del sol Ra le habló de su existencia. En el mito anterior, Thoth es también el creador del universo, un acto que realiza en su forma de ibis poniendo el huevo del que toda la materia y todo el ser nace al principio del tiempo.

Estas diferentes concepciones de Thoth y sus orígenes surgen tanto de los cambios en el pensamiento religioso egipcio a través del tiempo como de las diferencias regionales en las prácticas religiosas. En la ciudad de Menfis, el dios supremo era Ptah, y Thoth fue conceptualizado como la lengua y la sabiduría de Ptah.[99] El mito del huevo mencionado anteriormente, por el contrario, proviene de la ciudad de Hermópolis, y puede haber sido una adición posterior a la doctrina y la práctica religiosa allí.[100] De hecho, el mismo nombre de Hermópolis es una referencia a Thoth. El nombre original egipcio era Khemenu, una referencia a los Ogdóada, u Ocho Dioses, que eran adorados en esa ciudad, pero cuando Egipto fue helenizado, el nombre fue cambiado a Hermópolis, que literalmente significa "Ciudad de Hermes" en griego. Este cambio se produjo debido a la sincretización del dios griego Hermes con Thoth y a la importancia central de Thoth para la práctica religiosa egipcia en Hermópolis.

En todas partes de Egipto, Thoth era considerado un dios lunar. Un mito explica que Thoth adquirió su asociación con la luna cuando la diosa Nut, que estaba muy embarazada, le pidió ayuda para revertir la maldición que le había impuesto Ra, quien le había dicho que no podría dar a luz durante ningún día del calendario, que en ese momento tenía 360 días. Thoth resuelve el problema apostando con el dios de la luna Jonsu, poniendo en juego un quinto de la luz de Jonsu. Cuando Thoth gana el concurso, utiliza la luz de Jonsu para crear cinco días intercalados, durante los cuales Nut es finalmente capaz de dar a luz a Osiris, Horus, Set, Isis y Neftis. En este mito, también vemos el papel de Thoth como un dios del tiempo y del calendario, ya que es su apuesta con Jonsu la que permite que el calendario se expanda de los 360 días lunares a los 365 días solares. Por lo tanto, Thoth es responsable de asegurar que las estaciones y el calendario permanezcan alineados.

A Thoth se le atribuyó la invención del arte de la escritura, y por esta capacidad fue especialmente venerado por los escribas del antiguo Egipto. Debido a esta asociación con las palabras y la

---

[99] Ions, *Egyptian Mythology*, 28.

[100] Ions, *Egyptian Mythology*, 29.

escritura, Thoth fue representado como el registrador de los hechos humanos que estaba con Anubis junto a las balanzas que pesaban los corazones humanos después de la muerte para determinar el destino final eterno del alma. En otros contextos, Thoth usa sus habilidades con la escritura y su sabiduría para funcionar como escriba, heraldo y juez del dios supremo Ra y las otras deidades. Vemos esto en el mito del Nuevo Reino "La batalla de Horus y Set", resumido en el capítulo anterior sobre Horus. Cuando Ra desea enviar cartas a varios dioses y diosas, es Thoth quien toma el dictado de Ra y envía las cartas. En esta historia, Thoth también hace proclamaciones interpretativas instituyendo las órdenes de varias deidades. Cuando Thoth hace declaraciones como "¡Que se haga esto!" funciona tanto como un juez que determina si las leyes deben ser promulgadas como un heraldo que anuncia el inicio de una nueva ley.

Durante el período Ptolemaico, Thoth fue absorbido por la religión griega y romana, donde se sincretizó con el dios griego Hermes, como se mencionó anteriormente, y con el dios romano Mercurio. Como Thoth, Hermes estaba asociado con la escritura y era considerado el mensajero o heraldo de los dioses del Olimpo. Thoth también adquirió el papel de Hermes como guía de las almas en el inframundo, y se le conoció como "Hermes Trismegisto", o "Tres veces Gran Hermes".

Como Hermes Trismegisto, Thoth fue acreditado por haber escrito una serie de libros sobre magia, conocidos colectivamente como el *Corpus Hermeticum*, o "Cuerpo de Obras de Hermes". Estos textos fueron, de hecho, escritos por un autor humano anónimo durante el siglo II d. C. y no por el propio Thoth, pero la asociación con el dios otorgó al *Corpus* un cierto prestigio entre los magos y los buscadores de la verdad. El *Corpus* también fue increíblemente importante para los magos del Renacimiento y de la Primera Edad Moderna y fue un texto central en la práctica de la alquimia, una ciencia mágica que sentó algunas de las bases importantes de la química moderna.

El interés en la magia de Thoth fue revivido a finales del siglo XIX y principios del XX por grupos como la Orden Hermética de la Aurora Dorada, un grupo secreto interesado en la magia y el ocultismo cuyos miembros incluían a la revolucionaria irlandesa Maud Gonne y a los autores Sir Arthur Conan Doyle, W. B. Yeats y Bram Stoker. Otro miembro de la Orden era el ocultista Aleister Crowley, cuyo *Libro de Thoth* es un ensayo sobre la historia y los usos de la baraja de tarot que se basa en aspectos de varias religiones y mitologías antiguas, incluyendo las de Egipto. Crowley conecta especialmente a Thoth con la figura del tarot del Malabarista (también conocido en el tarot moderno como el Mago), que Crowley consideraba que estaba alineado con Mercurio, tanto el planeta como el dios romano.

El Duat (Tuat)

El Duat era el antiguo inframundo egipcio, y tenía múltiples funciones dentro de la religión y la cultura egipcia. Algunas funciones eran cosmológicas, pero la mayoría de ellas se relacionaban con creencias sobre la muerte y con prácticas funerarias. El Duat era el lugar donde la gente iba inicialmente cuando moría. Era el dominio de Osiris, y era donde se pesaban los corazones de los muertos para ver si eran puros y limpios y, por lo tanto, dignos del paraíso o no. El Duat también era el lugar que el dios del sol tenía que atravesar cada noche al ir de oeste a este para comenzar un nuevo día, y era el lugar al que las estrellas descendían cuando terminaba su temporada en el cielo.

Tanto para los seres humanos como para el dios del sol Ra, el Duat era un conducto para el renacimiento, no un lugar de descanso final. Los antiguos egipcios creían que cuando el sol descendía por debajo del horizonte occidental por la noche, entraba en el Duat. Cuando el dios del sol entraba en el Duat como Atum-Ra, el cuerpo del dios se separaba de su *ba*, o alma, y el cuerpo era desechado. Por lo tanto, el dios del sol necesitaba ser unido con un nuevo cuerpo y rejuvenecer antes de que pudiera levantarse de nuevo en el este como Khepera, el escarabajo que empujaba el sol hacia el cielo desde las aguas de Nun.

La barcaza del sol a veces se conocía como el barco de Atet o la Barca de Millones de Años, pero cuando entraba en el inframundo, fue renombrada como el barco de Meseket o el barco de Sektet. Debido a que no había viento en el Duat, la barcaza tenía que ser remada o remolcada a lo largo del camino entre la entrada occidental y la salida oriental. El trabajo de remolcar o remar lo hacían diferentes grupos de deidades, dependiendo de dónde se encontraba la barcaza en ese momento a lo largo del camino. El dios del sol siempre era un pasajero, y solo ayudaba en el viaje hablando con los diferentes seres que se encontraban en el Duat.

Cuando un ser humano moría, su alma descendía al Duat, donde tenía que abrirse camino hasta el lugar donde el dios Anubis pesaba los corazones de los muertos. Si se encontraba que el corazón de la persona muerta era puro y bueno, la persona dejaba el Duat y se iba al Campo de Cañas, que era el paraíso egipcio. En el Campo de Cañas, la persona muerta se reunía con su cuerpo, y continuaba viviendo de la misma manera que lo había hecho antes de la muerte, solo que sin dolor, enfermedad, hambre o trabajo duro. Sin embargo, si el corazón era malo, el alma era devorada por Ammit y era destruida para siempre, para nunca reunirse con el cuerpo.

La antigua fascinación egipcia por el Duat y la vida después de la muerte se manifiesta en los cientos de textos funerarios supervivientes que describen los peligros, los habitantes y las características geográficas del Duat. Estos textos también proporcionaban hechizos y otra información que el alma de la persona muerta necesitaría para navegar por los peligros del Duat. Al principio, los textos funerarios se escribían solo en las tumbas de los faraones, porque se creía que solo el faraón era capaz de ir al paraíso y vivir para siempre. Más tarde, este privilegio se concedió a la nobleza, pero finalmente se pensó que cualquier egipcio podía ser elegible para la resurrección y la vida eterna en el Campo de Cañas. Este cambio doctrinal creó un mercado de textos funerarios, que serían enterrados con el cuerpo momificado para el uso de la persona muerta mientras hacían su camino a través del Duat.

Los textos funerarios se pusieron a disposición de cualquiera que tuviera los fondos para comprarlos, comenzando en el Nuevo Reino. Dos de los textos más importantes fueron el *Libro de los Muertos* y el *Amduat*. Este último es un libro profusamente ilustrado cuyo título significa literalmente "lo que hay en el inframundo", y da una descripción detallada del viaje nocturno del sol. El *Libro de los Muertos*, por el contrario, es menos una descripción del inframundo que una guía práctica de cómo atravesarlo.

Según el *Amduat*, el Duat se dividía en doce regiones, y cada región representaba una de las doce horas de la noche. Cada región tiene sus propias características geográficas y está habitada por su propio conjunto de deidades, algunas de las cuales se unen temporalmente a la tripulación de Ra para llevar su barcaza de un extremo a otro de la región. Una de estas deidades que está a bordo solo a través de una región en particular se llama la "Dama del Barco"; su deber es proteger a Ra y su barcaza mientras esté en su territorio. Además de las deidades y de los diversos rasgos físicos, algunas regiones también tienen peligros que deben ser negociados. La propia barcaza solar sufre cambios dependiendo de dónde se encuentre en ese momento. Por ejemplo, el Ra momificado suele estar sentado en un espacio abierto en medio de la barcaza o bien bajo una especie de tienda, pero en un momento dado una serpiente gigante amistosa sube a bordo y forma una nueva tienda con su cuerpo para proteger a Ra en esa parte de su viaje.

A continuación hay descripciones muy abreviadas de las doce regiones según el *Amduat*.[101]

---

[101] Sinopsis basada en E. A. Wallace Budge, *The Egyptian Heaven and Hell*, vol. 1: *The Book Am-Tuat* (London: Kegan Paul, Trench, Trübner & Co., Ltd., 1905); Erik Hornung, *The Ancient Egyptian Books of the Afterlife*, trans. David Lorton (Ithaca: Cornell University Press, 1999), 33–53; y Remler, *Egyptian Mythology A to Z*, 9.

1. En una ilustración para esta región, el dios del sol se encuentra en el centro de la barcaza en su forma de *ba* como un hombre con cabeza de carnero y un disco solar entre sus cuernos; en otra, se le muestra como un escarabajo. El egiptólogo Erik Hornung afirma que esto tiene como objetivo mostrar que se espera que el viaje del sol se complete con éxito.[102] Nueve babuinos en esta región tienen el trabajo de abrir las puertas del Duat para que la barcaza solar pueda pasar, mientras que otros nueve le cantan a Ra. Debido a que el sol está muerto y no tiene luz en este punto, hay serpientes mágicas que proporcionan luz en esta región. Varias otras deidades alaban al dios del sol, que pide permiso para entrar en el Duat propiamente dicho. El permiso es concedido, y los babuinos abren las puertas.

2. Aún en su forma de cabeza de carnero (que, con una excepción, conservará hasta el final del viaje), el dios del sol cabalga en su barcaza a lo largo de un arroyo. Varios remeros impulsan la barcaza. Isis y Neftis están a bordo en forma de serpientes. La barcaza de Ra está acompañada por varias otras barcazas en esta etapa. Una es la barcaza de la luna, otra es la barcaza de Hathor, una tercera está ocupada por un dios en forma de lagarto, y la última es la barcaza de Neper, el dios del grano, que es un avatar de Osiris. Muchos otros dioses y diosas están en esta región también, que alaban a Ra y le piden que se renueve. Ra responde con bendiciones para los habitantes de la región y una orden para desterrar a los seres malvados. Luego pide ayuda en su viaje a través del Duat.

3. La barcaza es remada junto con Ra con cabeza de carnero en el medio. Como en la segunda región, hay otros cuatro barcos en el río con la barcaza solar. La

---

[102] Hornung, *Books of the Afterlife*, 34.

primera se llama "la barcaza que vuelca", y lleva a las deidades de Horus. La segunda y tercera barcaza se llaman "la barcaza de descanso" y "la barcaza de la rama", respectivamente. Cada una lleva un Osiris momificado. Además de la deidad principal, cada uno de estos barcos subsidiarios tiene una tripulación de otros dioses y diosas. Las formas momificadas de Osiris aparecen también en otras ilustraciones de esta región.

4. En la cuarta región, el agua no fluye. La barcaza tiene que ser remolcada sobre arena, y es una barcaza diferente a la de las tres primeras regiones, con cabezas de serpiente en la proa y en la popa. La cuarta región se llama "región de Sokar". Sokar (o Seker) era el dios menfita de los muertos. Las serpientes se deslizan por la arena aquí, y en lugar de moverse directamente a través de la página, el barco solar ahora toma un camino descendente, que va desde la esquina superior derecha a la inferior izquierda. Una parte de la ilustración muestra a dos dioses custodiando el Ojo de Ra. En la edición del libro de Wallace Budge, estos dioses son Thoth y Horus. El disco solar alado también aparece en esta región, al igual que la diosa Maat.

5. Aún en la región de Sokar, el barco de Ra continúa su descenso, esta vez moviéndose diagonalmente hacia abajo desde la esquina superior izquierda a la inferior derecha. El túmulo de Osiris está aquí, vigilado por Isis y Neftis, que están en forma de pájaro como los cometas. Ra se dirige en varias ocasiones a los seres que viven en esta región, pidiendo que se le permita pasar sin ser molestado.

6. Ra cambia a una barcaza que flota en el agua y es remada por un tripulante. Erik Hornung afirma que esta

agua es el agua de Nun.[108] Hay cuatro grupos de seres momificados, y cada grupo representa a los reyes de una dirección cardinal diferente. El cuerpo muerto de Ra está representado por un hombre recostado que sostiene el escarabajo de Khepera sobre su cabeza, rodeado por una enorme serpiente. Según Hornung, es en esta región que el cuerpo muerto del sol es conceptualizado como el cuerpo muerto de Osiris, que aquí se reúne con su *ba*, representado por el escarabajo.

7. La séptima región se llama "Salón de Osiris". Ra es representado una vez más como un hombre con cabeza de carnero con el disco solar entre sus cuernos, pero en lugar del dosel habitual, ahora está cubierto por un arco hecho por la serpiente gigante Mehen. Mehen continuará protegiendo a Ra de esta manera hasta que Ra renazca como Khepera y se levante como el nuevo sol. Isis está de pie en la proa con los brazos extendidos, usando su magia para hacer que el barco se mueva. La serpiente gigante Apofis se muestra derrotada; su cuerpo es atravesado por seis cuchillos, mientras una diosa la estrangula cerca de su cabeza y un dios le ata la cola. También aparece en esta región una forma de Horus, en forma de hombre sentado con cabeza de halcón, sobre la que se encuentra el disco solar al que está sujeto un *ureo*. El trabajo de Horus es hacer que las estrellas se eleven y ver que el tiempo continúe fluyendo. Doce dioses representan las estrellas, mientras que doce diosas representan las horas del día y la noche.

8. En esta región, el poder de Mehen le da a la tripulación que remolca la barcaza la capacidad de progresar a través de las aguas. Hay cuatro carneros representados aquí, cada uno con un tocado diferente. Los

---

[108] Hornung, *Books of the Afterlife*, 37.

carneros representan manifestaciones de Tatanen, el dios del montículo primordial del que surgió la creación. Varias otras deidades están representadas junto con telares y otras cosas necesarias para tejer telas. De estas representaciones del tejido, Erik Hornung observa que "el tema de esta hora es, por tanto, el suministro de ropa, que desde los primeros tiempos representó una alta prioridad entre las cosas deseadas en la otra vida".[104]

9. Una sección de las ilustraciones de esta región muestra a los doce dioses que reman la barcaza de Ra. El otro trabajo que tienen estos dioses es usar sus remos para salpicar agua en la orilla del río para el uso de los espíritus que habitan allí. Ra también promete proporcionar comida y bebida a los seres que viven en esta región. Además de la tripulación de la barcaza, hay doce diosas que cantan alabanzas a Osiris, y doce *ureos* que respiran fuego y usan su poder para proteger a Ra cuando pasa.

10. Ra sigue de pie bajo el arco del cuerpo de Mehen, pero ahora lleva un ankh en su mano derecha, mientras que su izquierda sostiene un bastón en forma de serpiente. Una serie de ilustraciones muestran cuatro dioses sosteniendo lanzas, cuatro flechas y cuatro arcos. La incursión hace que estos dioses destruyan a sus enemigos con sus armas. Los espíritus de los que se han ahogado habitan en las aguas de este lugar; Ra promete que pueden entrar en el paraíso aunque no hayan sido momificados. Es en la décima región donde Ra y Khepera se unen en preparación para el amanecer. Esto está representado en parte por una ilustración de un escarabajo empujando una forma elíptica que representa el horizonte. Thoth, en su manifestación de babuino, sostiene el Ojo de Horus para que pueda ser curado por la diosa Sejmet.

---

[104] Hornung, *Books of the Afterlife*, 39.

11. El texto de esta región dice que las deidades que viven aquí están guiando al sol hacia el horizonte del este para que pueda levantarse de nuevo. Ra cabalga en su barcaza cubierto por Mehen, pero en otra parte de esta sección, Mehen aparece como una serpiente enormemente larga que es llevada por doce dioses que van a pie. Su trabajo es asegurarse de que Mehen también llegue a salvo al horizonte oriental. Una cuádruple manifestación de la diosa Neit se encuentra aquí, así como una serie de fosas de fuego en las que se consumen los enemigos de Ra. Cada fosa tiene su propia deidad que cuida de las llamas.

12. Después de un largo y peligroso viaje, la barcaza solar de Ra finalmente llega al horizonte oriental. Ra, con cabeza de carnero, está en el centro de la barcaza bajo su toldo Mehen, mientras que Khepera ocupa la proa en forma de escarabajo. Una parte del texto en la traducción de Budge dice: "Entonces este gran dios toma su posición en el Horizonte Oriental del cielo, y Shu lo recibe, y él nace en el Este".[105] Pero antes de que pueda amanecer, la barcaza de Ra tiene que viajar a lo largo de una serpiente gigante llamada Ankhneteru. En esta parte del viaje, la barcaza es remolcada por doce dioses y doce diosas. Las diosas que remolcan la barcaza también tienen el deber de crear brisas en la tierra. Otras doce diosas llevan serpientes que respiran fuego sobre sus hombros. Las serpientes usan su fuego para repeler a los enemigos de Ra, especialmente a la serpiente demonio Apofis. Otros doce dioses cantan alabanzas a Ra. La última ilustración muestra una pared curva en el borde derecho del papiro. Esto representa el horizonte. El dios Khepera, en forma de escarabajo, empuja el disco solar a través del centro de

---

[105] Budge, *Am-Tuat*, 258

la pared. El disco se coloca debajo de la cabeza del dios del aire Shu, cuyos brazos se extienden a lo largo del perímetro interior de la pared. En la parte inferior de la pared hay una momia que representa el cuerpo nocturno de Ra, que ha desechado y que será destruido ahora que ha nacido de nuevo como el sol naciente.

Vea más libros escritos por Matt Clayton

Bibliografía

Allen, James P. *The Ancient Egyptian Pyramid Texts*. Atlanta: Society of Biblical Literature, 2005.

Bricault, Laurent. *Isis Pelagia: Images, Names and Cults of a Goddess of the Seas*. Trans. Gil H. Renberg. Leiden: Brill, 2020.

Budge, E. A. Wallace. *Osiris and the Egyptian Resurrection*. 2 vols. London: P. L. Warner, [1911].

——. *The Book of Opening the Mouth: The Egyptian Texts with English Translations*. 2 vols. London: Kegan Paul, Trench, Trübner & Co., Ltd., 1909.

——. *The Egyptian Heaven and Hell*. Vol. 1: *The Book Am-Duat*. London: Kegan Paul, Trench, Trübner & Co., Ltd., 1905.

Bunson, Margaret. *Encyclopedia of Ancient Egypt*. Rev. ed. New York: Facts on File, Inc., 2010.

Cary, Henry, trans. *Herodotus*. London: George Bell and Sons, 1901.

Crowley, Aleister. *The Book of Thoth*. Repr. York Beach: Samuel Weiser, Inc., 1995.

David, A. Rosalie. *Discovering Ancient Egypt.* New York: Facts on File, Inc., 1994.

———. *The Ancient Egyptians: Religious Beliefs and Practices.* London: Routledge & Kegan Paul, 1982.

Eddy, Paul Rhodes, and Gregory A. Boyd. *The Jesus Legend: A Case for the Historical Reliability of the Synoptic Jesus Tradition.* Grand Rapids: Baker Academic, 2007.

Ellis, Normandi. *Feasts of Light: Celebrations for the Seasons of Life Based on the Egyptian Goddess Mysteries.* Wheaton: The Theosophical Publishing House, 1999.

Escolano-Poveda, Marina. "Imhotep: A Sage Between Fiction and Reality". American Research Center in Egypt website, accessed 23 June 2020, https://www.arce.org/resource/imhotep-sage-between-fiction-and-reality.

Forty, Jo. *Ancient Egyptian Mythology.* Edison: Chartwell Books, Inc., 1996.

Frankfort, Henri. *Ancient Egyptian Religion.* New York: Harper & Row, 1948.

Frazer, James George. *The Golden Bough: A Study in Magic and Religion*, Part IV, Vol. 2, 3rd ed., *Adonis Attis Osiris.* London: The MacMillan Press, Ltd., 1914.

Graves-Brown, Carolyn. *Dancing for Hathor: Women in Ancient Egypt.* London: Continuum, 2010.

Griffiths, John Gwyn. *The Origins of Osiris and his Cult.* Leiden: Brill, 1980.

Hart, George. *A Dictionary of Egyptian Gods and Goddesses.* London: Routledge, 2000.

Heyob, Sharon Kelly. *The Cult of Isis Among Women in the Graeco-Roman World.* Leiden: E. J. Brill, 1975.

Hollis, Susan Tower. *Five Egyptian Goddesses: Their Possible Beginnings, Actions, and Relationships in the Third Millennium ACE.* n.c.: Bloomsbury Publishing, 2019.

Hornung, Erik. *The Ancient Egyptian Books of the Afterlife.* Trans. David Lorton. Ithaca: Cornell University Press, 1999.

Ikram, Salima. "Protecting Pets and Cleaning Crocodiles: The Animal Mummy Project". In *Divine Creatures: Animal Mummies in Ancient Egypt.* Edited by Salima Ikram, 207-27. Cairo: The American University in Cairo Press, 2005.

Ions, Veronica. *Egyptian Mythology.* New York: Peter Bedrick Books, 1990.

Jackson, Leslie. *Isis: The Eternal Goddess of Egypt and Rome.* London: Avalonia, 2016.

King, C. W., trans. *Plutarch's Morals: Theosophical Essays.* London: George Bell & Sons, 1889.

Kramer, Samuel Noah. *Mythologies of the Ancient World.* Garden City: Doubleday, 1961.

Lesko, Leonard H. "Ancient Egyptian Cosmogonies and Cosmology". In *Religion in Ancient Egypt: Gods, Myths, and Personal Practice*, edited by Byron E. Shafer, 90-121. Ithaca. Cornell University Press, 1991.

Lichtheim, Miriam. *Ancient Egyptian Literature: A Book of Readings.* Vol. 3, *The Late Period.* Berkeley: University of California Press, 1980.

———. *Ancient Egyptian Literature: A Book of Readings.* Vol. 2, *The New Kingdom.* Berkeley: University of California Press, 1976.

———. *Ancient Egyptian Literature: A Book of Readings.* Vol. 1, *The Old and Middle Kingdoms.* Berkeley: University of California Press, 1973.

Maehler, Herwig. "Roman Poets on Egypt". In *Ancient Perspectives on Egypt*, ed. by Roger Matthews and Cornelia Roemer, 203-15. London: UCL Press, 2003.

Mark, Joshua J. "Amun". *Ancient History Encyclopedia*, 29 July 2016, https://www.ancient.eu/amun/.

———. "Isis". *Ancient History Encyclopedia*, 19 February 2016, https://www.ancient.eu/isis/.

Martin, Luther H. *Hellenistic Religions: An Introduction*. New York: Oxford University Press 1987.

McCabe, Elizabeth A. *An Examination of the Isis Cult with Preliminary Exploration into New TestAmónt Studies*. Lanham: University Press of America, Inc., 2008.

Mercer, Samuel A. B. *The Religion of Ancient Egypt*. London: Luzac & Co., Ltd., 1949.

Meyer, Marvin W., ed. *The Ancient Mysteries: A Sourcebook*. San Francisco: Harper & Row, 1987.

Mosjov, Bojana. *Osiris: Death and Afterlife of a God*. Malden: Blackwell Publishing, 2005.

Myśliwiec, Karol. *Eros on the Nile*. Trans. Geoffrey L. Packer. Ithaca: Cornell University Press, 1998.

Piankoff, Alexandre, trans., and Natacha Rambova, ed. *Mythological Papyri: Texts*. New York: Pantheon Books, 1957.

Pinch, Geraldine. *A Handbook of Egyptian Mythology*. Santa Barbara: ABC-CLIO, 2002.

———. *Magic in Ancient Egypt*. London: British Museum Press, 1994.

Quirke, Stephen. *Exploring Religion in Ancient Egypt*. Chichester: John Wiley & Sons, Ltd., 2010.

Regula, de Traci. *The Mysteries of Isis: Her Worship and Magick*. St. Paul: Llewellyn Publications, 2001.

Remler, Pat. *Egyptian Mythology A to Z.* 3rd ed. New York: Chelsea House, 2010.

Roth, Ann Macy. "Fingers, Stars, and the 'Opening of the Mouth': The Nature and Function of the *ntrwj*-Blades". *Journal of Egyptian Archaeology* 79 (1993): 57-79.

Simpson, William Kelley, ed. *The Literature of Ancient Egypt: An Anthology of Stories, Instructions, Stelae, Autobiographies, and Poetry.* New Haven: Yale University Press, 2003.

Smith, Mark. *Following Osiris: Perspectives on the Osirian Afterlife from Four Millennia.* Oxford: Oxford University Press, 2017.

Smith, Martyn. *Religion, Culture, and Sacred Space.* New York: Palgrave MacMillan, 2008.

Spence, Lewis. *Myths and Legends of Ancient Egypt* (Boston: David D. Nickerson & Co., [1915]).

Tacitus, Cornelius. *The Works of Tacitus: The Oxford Translation, Revised.* Vol. 2: *The History, Germany, Agricola, and Dialogue on Orations.* New York: Harper & Brothers, Publishers, 1858.

Takács, Sarolta A. *Isis and Sarapis in the Roman World.* Leiden: E. J. Brill, 1995.

Tobin, Vincent Arieh. "Isis and Demeter: Symbols of Divine Motherhood". *Journal of the American Research Center in Egypt* 28 (1991): 187-200.

Traunecker, Claude. *The Gods of Egypt.* Trans. David Lorton. Ithaca: Cornell University Press, 2001.

Tripolitis, Antonía. *Religions of the Hellenistic-Roman Age.* Grand Rapids: William B. Eerdmans Publishing Company, 2002.

Van Der Toorn, Karel, et al., eds. *Dictionary of Deities and Demons in the Bible*. 2nd ed. Leiden: Brill, 1999.

Watterson, Barbara. *The Gods of Ancient Egypt*. New York: Facts on File, Inc., 1984.

White, J. E. Manchip. *Ancient Egypt: Its Culture and History*. New York: Dover Publications, 1970.

Wildung, Dietrich. *Egyptian Saints: Deification in Pharaonic Egypt*. New York: New York University Press, 1977.

Witt, R. E. *Isis in the Ancient World*. Baltimore: Johns Hopkins University Press, 1971.

www.ingramcontent.com/pod-product-compliance
Lightning Source LLC
Chambersburg PA
CBHW030114240426
43673CB00002B/70